クラスがみるみる落ち着く

1分間の「教室語り」100

高橋利明
Takahashi Toshiaki

高等学校編

明治図書

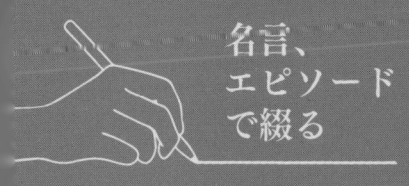

名言、エピソードで綴る

イントロダクション
1分間の「教室語り」で、生徒の心を整えよう

1 「教室語り」をする意味

高校生にとって、先生から授業とは別に何かしらの「教室語り」を聞くことには、どんな意味があるのでしょうか。

小・中学生とは違い、高校生は各学校によって校風や学びの内容が大きく異なります。先生と生徒の関係性もまた様々であることでしょう。そもそも義務教育ではありませんし、先生から授業と直接的に関係のない話を聞く必要性はあるのでしょうか。もちろん、本書では、「大きな意味をもつ」という前提の上に書かれています。

多くの高校生にとって、家族の次に身近な大人は学校の先生です。大人への階段を登っている高校生らは、たった3年間で著しく精神的に成長します。その過程に様々な「教室

語り」を聞くことで好奇心を刺激され、悩み、迷うことでたくましくなります。

先生方が「教室語り」をすることで、高校生は人生の道標を見つけることができ、人格形成に大きく寄与していくと思われます。そのことを信じ、先生が熱く胸を張って語るのをお手伝いしたくて本書を書きました。

2「問い」の投げかけ

高校生が今まで築いてきた「普通」の感覚を、意図的に狂わせるような刺激を意識して語ってみてください。固定した価値観を押しつけるのではなく、「こんな考え方もあるけれど、どう思いますか?」と「問い」を投げかけるようにすることが、自ら考える力につながります。正解は示さなくてもよいと思います。

中学校までは、地元地域で区切られた友人関係だったのが、高校からはいろいろな人に出会います。身近にいた「スゴい友だち」よりももっと「スゴい友だち」に出会うことによって、交友関係だけでなく、生徒の世界観も拡がります。

同様に、様々な「教室語り」によって生徒の世界観を拡げてあげられると、学校生活に潜んでいるあらゆる物事に対する目線が変わっていきます。

本書では、すべてではありませんが、できる限りの「問い」や新たな考えにつながるような「教室語り」を用意しました。「そんな考え方もあるのか」とできるだけ多くの生徒の考えを更新できればよいなと考えています。

3 巨人の肩に乗る

大谷翔平選手が活躍し始めたころ、高校時代に書いたとされるマンダラートが注目を浴びました。同じく藤井聡太棋士が幼いころ受けたというモンテッソーリ教育も活躍と同時に話題になりました。マンダラートもモンテッソーリ教育も、ずっと昔からあったものですが、目の前にわかりやすい成功例が現れると説得力が増すのも事実です。

普段から先生方も学校生活の中で、生徒のためになる大切なお話は散々されていると思います。しかし、関係性の慣れや同じことの繰り返しで、生徒も熱心に聞かなくなってきます。そこで、偉人に登場してもらいましょう。本書ではすべてのエピソードや名言に出典が載っています。大谷選手や藤井棋士まで知名度がなくても、どこかの偉い人というだけで、その話の根拠となり得ます。ここは生徒のためにも、大いに巨人の肩に乗り、偉人と高校生を結びつけてあげてください。むしろ関心が高まれば、自ら偉人を深掘りすることができるので、知らない偉人の方がよい場合もあります。

4　高校生活のすべてを語る

本書で語られることの対象は、高校生活のすべてを想定しています。先生方が普段目にする様子だけでなく、見えない部分も含め、網羅的で多方面にわたる「教室語り」となっています。

例えば、学業成績を上げることばかりを示唆しているわけではありません。これからの人生が豊かになるように、時には恋愛や詩、または戦争なども話題にしています。もちろん、各学校の方針や先生の想いに反する場合は、活用をお控えいただいて結構です。それよりも、話者となる先生がいきいきと話される方が、生徒に届くことがあるでしょう。

また、月ごとにお話を設定していますが、場面や生徒の様子なども見ながら、適時に都合よく活用していただけたらと思います。

5　語った後の案内

本書の「教室語り」が、高校生にとって新しい学びの扉を開けることにつながれば、と心から願っています。もし、後から生徒が語りの内容について関心がありそうならば、もしくは、納得していないならば、各ページの最後にある参考文献をお伝えください。

本書では、語り切れなかったことが各文献に書かれています。もしかしたら、高校生には難しいものもあるかもしれませんが、自ら向き合うことに大きな意味があります。

よろしければ、本書を手に取った先生方もお時間のあるときに読んで、語りに深みをもたらしてください。

もくじ

May 5

June 6

July 7

September 9

October 10

November 11

December 12

January 1

クラスがみるみる落ち着く
1分間の「教室語り」100

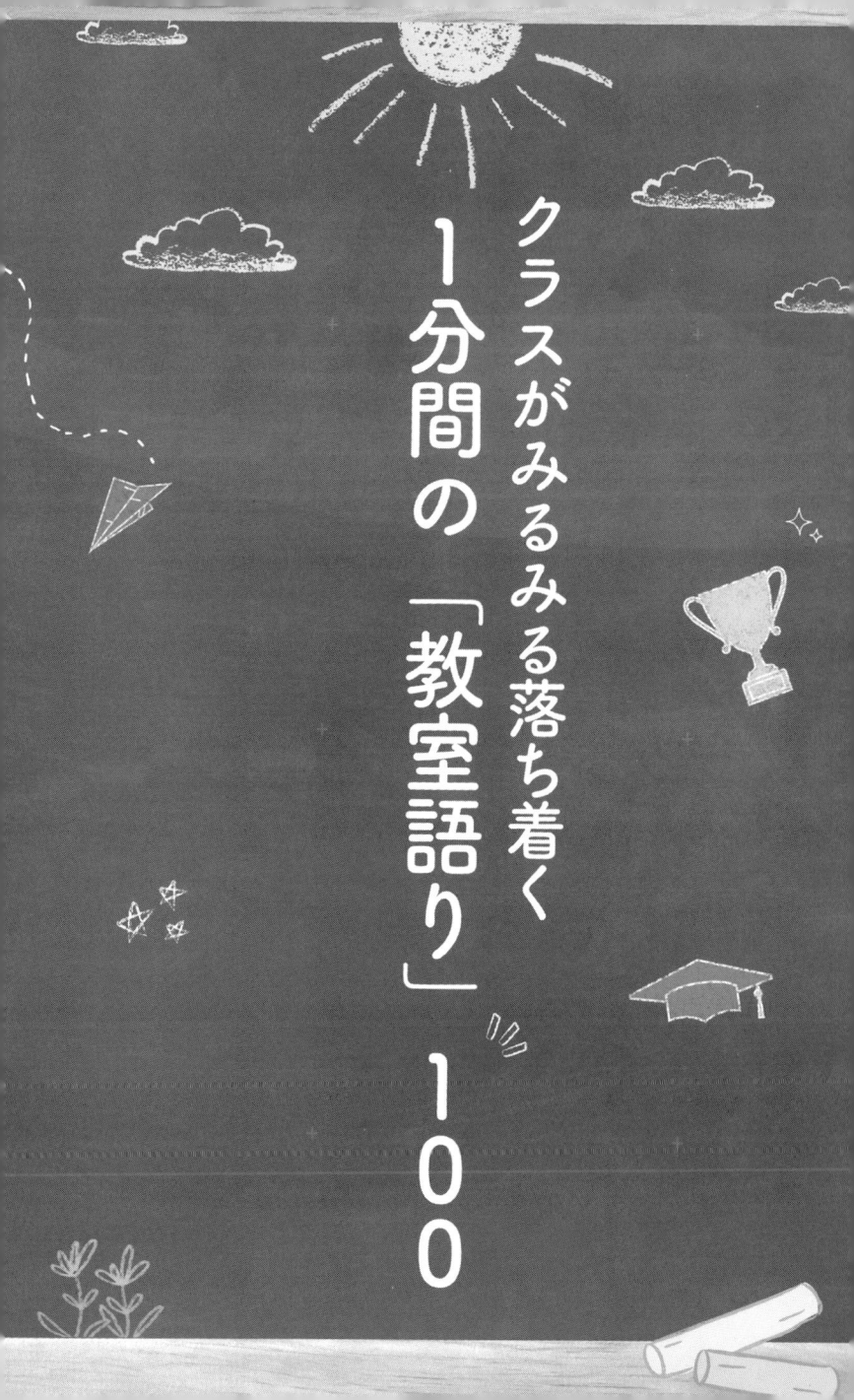

April 4

準備の大切さ

「ライオンに追われたウサギが肉離れを起こすか。準備が足りないからだ」

これは、元サッカー日本代表監督イビチャ・オシム氏の語録の1つです。

イビチャ・オシムは「考えて走るパスサッカー」を追究しました。特に、考えてプレーさせることを意識してつくられた独創的な練習メニューは、身体と頭のどちらにも負荷をかけるすばらしいものでした。先ほどの言葉は、そんなオシム氏が伝えていた準備の大切さに関する名言です。その後に「私は現役のときに一度も（肉離れを）したことがない」と続きます。

オシム氏はプロサッカー選手に向けていっていると思いますが、これはだれもが参考にできる考え方だと思います。確かに、弱肉強食の世界で生きている野生動物たちにとって、肉離れをはじめとするどんな些細なけがであっても、生きるか死ぬかに関わる重要な問題になります。普段の我々の生活に対して、これほどの緊張感や備えをし続けることは非日常的であり、現実味のない話かもしれません。

しかし、プロサッカー選手における公式戦やそれにつながる日々の練習のように、高校生にとっての入試や定期テスト、またそれにつながる日々の授業をいかに準備して過ごしているでしょうか。**いわれてみれば当たり前のような「準備する」という行為が、実は簡単そうに見えてなかなかできなかったりするもの**です。

ウサギにとって、ライオンに追われる瞬間は急に訪れます。同じように、急に人前で発表するタイミングが現れたり、予期せぬときに何かしらの能力を問われたりすることは多々あります。我々の場合、命を落とすことまでは稀かもしれませんが、そんなときに何も対応できず、大きなチャンスを逃してしまうことはあるかもしれません。

常に、如何なるときもすべてに備えることは難しいかもしれませんが、**あらゆることに準備をして臨むという姿勢、その意識だけでもあるのとないのとでは大違い**です。日々準備を意識して学校生活を過ごすことを試みてみませんか？

【引用・参考文献】

・千田善『オシムのトレーニング』（池田書店）

April 4

前向きな言葉を声に出す

April 4

人は、気持ちによって様々なことが左右される生き物です。

ここぞという大一番で、「失敗するかもしれない」と自らを思い込んでしまうと、実際に高いパフォーマンスを出せずに予測通りの結果になることがあります。

また逆に、強い自信をもって、「絶対に成功する」と信じて挑むと、本当にうまくいくことがあります。

アメリカの社会学者ロバート・K・マートンはこれを「予言の自己成就」と呼びました。

特別根拠がなくても、「○○はよいはずだ」と思えば実際によくなり、「○○は悪いに違いない」と思えば実際に悪くなることが、人間にはあります。**他人や自分の予言に応じて自分の行動を決めてしまうという性質がある**のです。現実に、過去にある銀行がまったく根拠もないのに「つぶれそうだ」といううわさ話が拡がり、本当につぶれてしまった例があります。

この「予言の自己成就」は、悪い方にもよい方にも影響を与えます。となれば、気のもちようといってしまえば話は簡単そうですが、なかなかそうはいきません。何でもかんでもよい「予言」ばかりを立てることはできません。

しかし、まわりの友人らと少し前向きな声かけをお互いにし合うことは、比較的簡単にできます。

例えば、部活動の公式戦の前に、チームメイトと「予言」をかけ合ってみてください。「絶対に勝てる」「最後までがんばろう」「俺たちならできる」などと声に出して言い合うことで、**その予言にチームみんなが応じるように行動し、いつも以上の力を発揮して予言が自己成就するかもしれません。**

「士気を高める」とはそういう活動のことです。

逆に、意識的にネガティブな発言を控えてみてください。前向きな言葉だけを声に出していくことが、よい結果に導くことにつながります。

【引用・参考文献】

・田中正人・香月孝史『社会学用語図鑑』（プレジデント社）

April 4

真似して、盗む

高校生での勉強内容は、中学生のときと比べてより高度になっていきます。もしかしたら、授業の内容についていくのが苦しくなっているような人もいるかもしれません。

一度、自分自身の勉強方法から見直してみるのはどうでしょう。今までのやり方に固執せず、違うやり方、勉強スタイルを考え直すことで、飛躍的に成績が改善されることもあります。

そのとき、まわりの友人の勉強方法を聞いたり、盗み見たりしてみましょう。これは決して悪いことではありません。わざわざ自分から勉強のやり方を言う人はあまりいません。ですから、こちらからいつどのように勉強しているかを聞くことは、この先仕事をするときにも必要な能力です。

岩瀬大輔の『入社1年目の教科書』にはこう書いています。

「仕事は真似ること、盗むことでしか身につかないといっても、決していい過ぎではないと思います」

すべてのことを真似する必要はありませんが、自分がよいと思ったものや新しいスタイルを見つけたときは、積極的に真似をして構わないと述べています。

高い成績を維持している人は、実は朝に勉強していたりお風呂でも勉強していたり、必ず結果に結びつく秘訣があるものです。**とりあえずそれを真似てみて、自分のよりよい新しいスタイルを模索することは、より大きな成長のために不可欠**です。

この方法は、勉強だけでなく、部活動やあらゆることに通じています。そして、当然働くことにもつながっていきます。

目的達成のための手段はいくつもあり、自分1人だけではなかなか最善解にたどり着かないものです。友人らの方法を真似て盗むことで、自分に合うよりよい方法が見つかるといいですね。

【引用・参考文献】

・岩瀬大輔『入社1年目の教科書』（ダイヤモンド社）

April 4

知識や理屈がすべてではないことに気づかせたい場面で

人は感じて動く

April 4

「辞書を調べても〈感動〉という言葉はあるが、〈知動〉という言葉、〈理動〉という言葉はない。〈知識〉や〈理屈〉では人は動かないからである。人が動くのも、人を動かすのも感じるものがあって初めて人は動く」と、橋本年一は述べています。

この言葉を聞いて、皆さんは「確かにな」と妙に納得したりしないでしょうか。

それは、皆さんが今まで心で感じて、感動して行動した経験があるからだと思います。逆に、いくら丁寧に説明されても、説得されても、何となく行動に移せなかったこともあるかもしれません。それは、頭では何となく理解できても感動できなかったからにほかなりません。

また、他者に対しても同様に、いくら時間をかけて話してもわかってくれず、どうして動いてくれないのだ、と思った経験もあるかもしれません。それは、相手の心を動かし、感動させることができなかったということです。

人は、複雑な生き物です。**学校で学ぶ知識や理論がいかに正当性のあるものであっても、自分を含め他人までもが必ずしも合理的に行動するわけではありません。**人それぞれがもつ感性に触れ、心を揺り動かされたときに、行動することができます。このことを少しでも理解しておかないと、他者に対して苛立ったりすることもあるかもしれません。

一方、自分のこととして考えると、納得のいくものでもあったりします。理屈抜きに楽しいことなどに没頭することは、だれしもが経験します。しかし、他者に感動を与えることはなかなか簡単ではありません。**相手の心に火を灯すような言葉かけは、一筋縄ではいかないもの**です。

委員会活動や部活動、あらゆる場面で友人らを動かす場面はあると思います。そんなとき、知識や理論で説得を試みるのではなく、心に訴えかけ、感動させるような働きかけを意識してみましょう。そうすると、もしかしたらいい結果につながるかもしれません。

【引用・参考文献】

・橋本年一『日本人の魂　武道に学ぶ人間学』（櫂歌書房）

April 4

写真を撮ること、SNSに上げること

今やSNSを利用していない高校生を探すことの方が難しいかもしれません。Instagram、Facebook、X（旧 Twitter）などで、個人が様々なことを瞬時に世界に発信することができるようになりました。

高校生においては、その利用方法が議論を呼ぶことがしばしばあります。高校生に限らず、SNSは便利で楽しいばかりではなく、負の側面をあわせもっているのも事実です。例えば、外食した際、運ばれた料理をまずは写真に撮る人も少なくありません。それ自体は問題ありませんが、一部では写真をSNSに投稿することだけを目的として食事に手をつけない人もいるようで、トラブルになったりしています。

考えたくもありませんが、交通事故現場で重傷を負った被害者の方がおられるときにも、カメラを構えるような人もいるようです。しかし、だれもが持つスマホのカメラによって、それが記録や証拠となり犯罪が解決した例もあります。

スーザン・ソンタグは、SNSが普及する前から、写真を撮るという行為について踏み込んだ論考をしています。ソンタグは、**写真を撮ることは、介入であると同時に不介入の行為でもある**とします。事故の被害者の救助というかたちで介入すれば、写真という記録はできません。一方、記録というかたちで事故に介入しようとすると、事故そのものには介入できません。

皆さんが普段SNSにアップロードする写真は、もっと無意識に、興味本位で、もしくは閲覧数欲しさに撮られているかもしれません。しかし、食事を例にとっても、写真を撮る間にできたてではなくなったり、同席者と感動できなかったりと、介入と不介入が同時に行われているということは知っておくべきだと思います。

介入と不介入を少し意識するだけで、不適切なSNS利用がなくなり、非礼な写真を撮ることもなくなるのではないでしょうか。

【引用・参考文献】

・波戸岡景太『スーザン・ソンタグ 「脆さ」にあらがう思想』(集英社)

April 4

先生に対するあたりはずれのような意識を変えたい場面で

April 4

「先生ガチャ」なんてない

「○○ガチャ」という言葉が2015年あたりから流行りました。これはカプセルトイである「ガチャポン」に由来するもので、選択できないことに対しあたりはずれがあることを意味します。皆さんの方が詳しく、日常的に使っているかもしれませんね。

「先生ガチャ」「担任ガチャ」という言葉もあります。生徒は先生を選べません。しかし、基本的に少なくとも1年間は同じ先生がクラスや授業を担当します。皆さんの目線からは、先生にあたりやはずれがあるということでしょう。

内田樹は、「誰もが尊敬できる先生」なんて存在しないといいます。少なくなったとか存在しなくなったのではなく、はじめからいなかったのだと。つまり、「先生運」などもないということです。これは恋愛において「白馬に乗った王子様」を待つのと同種の妄想だといいます。

そして、**先生は足を棒にして、目を皿にして、自分自身で探し出すもの**だといいます。皆さんは、いつか最高の先生が自分を迎えに来て導いてくれると、ずっと受け身で待っていませんか。

釈迦やキリストですら、世界中のすべての人間に尊敬されているわけではありません。1クラス40人全員に敬われる先生がいるわけがありません。皆さんそれぞれが多様に異なるのですから、自分にとって師となるような先生は自分で探し出しましょう。それは、部活動の先生かもしれませんし、違う学年の先生かもしれません。

また、先生も1人の人間であり、多様な先生がいるのです。いろんな角度から見ることで、その人の魅力が見つかると思います。

高校生が「先生ガチャ」という言葉を使いたくなる心情も理解しますが、**自分の外側に問題を押しつけてしまうことは、皆さん自身の精神の成長につながりません。**

学校には、たくさんの先生がおられるので、多くの先生に話しかけていくと、いろいろな考え方に触れることができて、とてもいいかもしれませんね。

【引用・参考文献】

・内田樹『先生はえらい』(筑摩書房)

何かを目指すということ

何かにひたむきに打ち込んで、目指すべきものに向き合ったことはありますか？

もしかしたら、今まさにその最中の人もいるかもしれません。

少し冷たいように聞こえるかもしれませんが、勉強にしろ、野球にしろ、ギターにしろ、**一生懸命がんばってがんばって努力を重ねて、時間をかけて、人並み以上に自分を追い込んだとしても、上には上がいる**というものです。

世界は広く、人生をかけてそれだけをしてきたとしても、だからといってみんながナンバーワンになれるわけではありません。まさに、人生はそんなに甘くないのです。

自分の中では最大限やったから、あらゆることを我慢し苦労し耐え抜いたからといって報われるわけではありません。なんでもかんでも、やれば手に入るわけではありません。

詩人の中原中也の「わが半生」という詩に、次のような一節があります。

「とにかく私は苦労して来た。苦労して来たことであつた！そして、今、此処、机の前の、自分を見出すばつかりだ。じつと手を出し眺めるほどのことしか私は出来ないのだ。」

この言葉には、積年の苦労に対して何もないことの無念さ、執念の雄叫びが聞こえます。

もちろん、目指すべき場所にたどり着き、幸福のゴールを手に入れた人も世の中にはたくさんいます。

しかし、その座席は数が限られており、それ以上に無数の無情の儚さが存在することも忘れてはいけません。美談に包まれて肝心の厳しい部分を見過ごしてはいけません。

世の中には、あらゆるところで陽の目を浴びず、日陰で過ごすことになった人たちが膨大にいます。そして、皆さん含め多くの人がそうなる可能性の方が大きいものなのです。

ただ、それが羞恥になることはありません。**ある場所を目指した、そのために一生懸命になった、ということだけで、すでに十分尊い**のです。オリンピックで金メダルに輝いた人も、中原のようにじっと手を眺めることしかできなかった人も、尊いものなのです。

結果だけを見て自他共に蔑むことは避けたいですね。

【引用・参考文献】

・中原中也『汚れっちまった悲しみに……　中原中也詩集』（集英社）

目先の結果に自信がなくなっている場面で

April 4

「その気」になって、ひたむきに打ち込む

何かにひたむきに打ち込んでいるとき、その努力に対してあまり結果が伴わず、つらい想いをしたことなどはありませんか?

大丈夫です。皆さん、自信をもってください。

目先の結果に右往左往せず、じっと今打ち込んでいることをひたすらに続けてください。必ず花咲くときが訪れます。

作家の渡辺淳一は、才能のある人のまわりには、必ずほめる人がいるといいます。

そして、本人がそのほめ言葉に簡単にのり、「図にのる」ことが、その人を大きく未来に向かって羽ばたかせる原動力になるといいます。

渡辺自身も、新人のころ、いつも落ち込んだときに「大丈夫、あなたは才能があるわよ」といい続けてくれた女性がいたといいます。すると、次第にそんな気になってきたそ

うです。前向きに励ましてくれる言葉を素直に受け入れ、その中に溶け込んでいくことは、決して悪いことではないといいます。

皆さんも、図にのってください。渡辺のいうまわりのほめる人には、先生がなります。先生だけでなく、家族やクラスの友人も、いろんな人がいろんなところで、ちゃんとそのがんばりを見ています。**直接言葉をもらわなくても、見守っています。**

皆さん高校生は、何をするにしても可能性にあふれています。何でもやればできます。葛藤があったとしても、不安にならずに「その気」になっていきましょう。自分を信じ、まわりの助言に助けられながら、猪突猛進することは大成につながることでしょう。

そして、**皆さん自身も、まわりの人のがんばりを素直にほめましょう。**お互いがお互いにとって相乗効果を生み出せるようなクラスになると最高です。皆さんがお互いをほめる人になって、眠っていた才能がどんどん開花するといいですね。

【引用・参考文献】

・渡辺淳一『鈍感力』（集英社）

いじめをすることは情けない

あまりいい話ではありませんが、皆さんが今まで学校生活を送る中で、いじめに関わってしまったり、見聞きしたことがあるかもしれません。

はっきりといいます。いじめは絶対にダメです。いかなる理由があっても、いじめを正当化することはできません。いじめは行う方が悪く、「いじめられる子にも理由がある」というのは勘違いであり、学校はいじめられた子を守ります。

さかなクンは、メジナを観察しながら、さかなの世界にもいじめがあることを知ったそうです。せまい水槽に入れるとメジナの中でいじめが発生し、いじめられている魚を別の水槽に移しても、また次のいじめられっ子が出てくるそうです。広い海ではそんなことは起こらないのに、小さな世界に閉じ込めるといじめが始まってしまうと察したそうです。そこから、人間でも小さな学校という空間や狭い社会だからいじめが起こるのだと述べ、広い空の下、広い海へ出ましょうと、外の大きな世界で楽しむことを伝えています。

いじめは根絶することが望ましいですが、なかなかそういかない部分もあります。また いじめの構造も複雑であり、当事者にならなくても、まわりで見て聴衆として黙認してしまう場合もあります。

ですが、高校生にもなり、お互いのことを1人の個人として尊重する気持ちがあれば、いじめは起こりません。またそれはさかなクンがいうように、**小さな世界**のことなのです。「いじめをすることは情けない」と思ってください。

もし、いじめられたと思った場合は、すぐにどの先生でもよいので話しやすい先生に話してください。見かけた場合も「注意すると次は自分がターゲットになるかも」と躊躇するかもしれません。それならば、決してかっこ悪いことではないので、同じように話しやすい先生に伝えてください。

広く深い海に比べると、学校は小さな世界ですが、それぞれが伸び伸びと過ごすことでその可能性を大きく広げることができます。皆さんで広大な海のような学校にしましょう。

【引用・参考文献】
・さかなクン『さかなクンの一魚一会 まいにち夢中な人生!』（講談社）

April 4

エンパシーを磨く

世界がグローバルに拡がり、旅行で海外に行くことも、また世界中の人が日本に訪れることも容易になりました。あらゆる諸外国の人々との交流が増え、高校生も様々なバックグラウンドや文化に触れる機会が多少はあると思います。

一方、世界を見渡せば、今なお戦争や紛争が絶えない地域があったり、貧困に苦しむ人々が存在することも事実です。

また、世界まで視野を拡げなくとも、同じ日本国内でも、様々な事情を抱えた人が多数います。むしろ、自分と同じ生い立ち、文化背景の人なんていないと考えた方がよいかもしれません。

世の中は多様性に満ちています。しかし、**この多様性が引き金となってトラブルになることが多いのも事実**です。

ブレイディみかこは、中学生の息子に、多様性によってけんかや衝突が絶えないから、ない方が楽でよいのではないかと聞かれて、「多様性は、うんざりするほど大変だし、めんどくさいけど、無知を減らすからいいことなんだと母ちゃんは思う」と答えたそうです。また、他者の感情を汲むことを意味する「エンパシー」について、「自分と違う理念や信念をもつ人や、別にかわいそうだとは思えない立場の人々が何を考えているのだろうと想像する力のこと」といっています。つまり、多様性がない世界ではエンパシーも必要なく、無知のまま差別や偏見が生まれるけれど、多様性がそれを食い止めるというのです。

「人は多様でそれぞれ違うからダメなんだ。ならば皆1つの同じものになろう」というようなことを思いついたことがあるかもしれません。でもそれは、とても危険なことでもあります。

多様性があるがゆえに摩擦が生じるし、相手を想い、考え、共感することは非常に労力がいることかもしれません。しかし、**それこそが人の喜びであり、楽しみにつながります。** 他者との出会いがエンパシーを磨くことになればいいですね。

【引用・参考文献】

・ブレイディみかこ『ぼくはイエローでホワイトで、ちょっとブルー』（新潮社）

April 4

May 5

スマホで無駄な時間を過ごさせたくない場面で

他者との遭遇は思考のチャンス

もう寝ようかと布団に入ったものの、ダラダラとスマホを見てしまい、気づいたらかなりの時間が経っていたということはないでしょうか。そのとき何を考えていたのかと問われても、「何も考えず、ただただボーっと動画やSNSを見てしまった。振り返れば、さっさと寝ればよかった」という感じではないでしょうか。

寝る前に限らず、冷静になってみれば、同じような時間の過ごし方をしていることは多々あります。人は他の動物よりも知能が発達していますが、だからといって四六時中脳をフル回転して考え続けることはできません。授業を聞いているようで、頭の中はぼーっと無の状態になっていることもあります。

大澤真幸は、人間というのは特に考える動物ではなく、むしろある程度以上は考えようとしない動物であるといいます。何も考えないのは、閉じられた世界の中で安心している

からで、驚いたり感動したりするのは、自分の中でつくられている世界に収まらないものを感じるときだそうです。つまり、他者から与えられるインパクトによって人は考えるようになるというのです。だから、他者との遭遇こそ思考のチャンスであるともいいます。人も基本的には動物と一緒なのです。しかし、何も考えず過ごす時間は、脳を休めているのかもしれません。そして、それは平安の時を過ごしているからに他なりません。

そんな生活に刺激を与えるのは大澤のいう**他者との遭遇**です。高校に入学した当初、ガラリと友人関係が変わり、大量の刺激がありませんでしたか?

自分とは異なる考え、行動は不思議に感じ、中には変だなと思うこともあったかもしれません。でも、例えば、新しい友人が驚くほど勉学に秀でていれば「どうしてだろう?」と疑問をもったりもしたはずです。そこが思考のスタートです。**その人の生活を観察したり、考えに触れたりして、真似してみましょう。**すると、当初変だと思っていた部分がまったく変だとも思えなくなるかもしれません。そうして自身の成長にもつながります。

これでも皆さんはまだ、ぼーっとスマホを眺めますか?

【引用・参考文献】

・大澤真幸『思考術』(河出書房新社)

リーダーの役割について理解してほしい場面で

「半歩前」を進むリーダー

最近の高校や大学ではその色合いも薄くなりましたが、ほんの少し昔は、「自分たちのことは自分たちでする」という自治の精神が根強くありました。そういった環境では、カリスマ的リーダーが必要とされ、大衆を引っ張る力が求められました。

皆さんの中にも、すでにリーダーというポジションの人がいるかもしれません。もしくは、そうなりたいと考えている人もいるかもしれません。しかし、大勢の先頭に立ち、先導していくことは容易ではありません。**自分の成したいことに対し、まわりが賛同し、ついてきてくれるかどうかは、その人物の求心力が試されます。**

姜尚中は、いくつかの歴史上のリーダーをモデルとして検討しながら、韓国の15代大統領・金大中のリーダーとしての資質のすばらしさを説きます。それは「半歩前を歩く」というものです。ドン・キホーテのような夢想家や革命家、独裁者は10歩前を歩くような人だといい、ズンズン先へ行くことで成功する場合もありますが、多くの場合は急進的過ぎて挫折しがちであると指摘します。これに対して、金大中は絶対に国民の手を離さず、国民がついてこなければ、「半歩」下がって彼らの中に入り、わかってもらえるまで説得して、同意が得られたら、また「半歩前」を行くというスタイルだったといいます。

例えば、クラスのリーダーを考えても、約40人の人を束ねるのは大変です。それぞれ考え方は違います。高校生ならば、つい熱くなって、「ああしたい」「こうしたい」とまわりに求める要求が先走り、空回りすることもあります。本人の気がつかないところで暴走してしまうこともあります。そういった失敗を重ねることも大切な経験ですが、皆をまとめながら目指すべき場所へ進むには、「半歩前」というのが非常に的を射た行動です。

時には皆と同じ目線に立ち、また「半歩前」を進むということは、一見手間も時間もかかり、なかなか前に進んでいないように感じるかもしれません。しかし、集団をまとめていくには、実はこれが最速の方法なのかもしれません。**1人が突っ走っても仕方がないことだから**です。よきリーダーがたくさん生まれることを期待しています。

【引用・参考文献】

・姜尚中『リーダーは半歩前を歩け　金大中というヒント』（集英社）

May 5

生徒が友人関係で気疲れしている場面で

友だちは他者

高校生から大人になるにつれて、友だちづき合いというのは変容していきます。それは、生活の主軸が学校にあるか、仕事にあるかの違いが1つの大きな原因だと思います。

学校では、よくも悪くも、毎日顔を合わせ、非常に多くの時間を共有することになります。「よくも悪くも」と表現したのは、会いたくなくても会わざるを得ない場合もあるからです。

また、学校だけでなく、最近はSNSでも連絡を取ることができ、楽しいこともたくさんある一方で、友だちとのやりとりに気疲れを感じることもあるのではないでしょうか。

昔のように、気に入らないことがあるとけんかになって、ひとしきり激しく気持ちをぶつけ合うと、すっきり仲直りする、ということもほとんどない気がします。

むしろ、気持ちのすれ違いがあっても、それを表には出さないように、居場所を確保す

May 5

るために調和を重んじることに必死になっているかもしれません。心許して信じていた友だちに裏切られ、孤独を感じながら傷ついた人もいるかもしれません。

菅野仁は、「自分というものをすべて受け入れてくれる友だち」というのは幻想だといいます。それは、他者に対して不信感をもつという意味ではなく、醒めた意識が必要だということです。友だちとのつき合い方として、「人はどんなに親しくなっても他者なんだ」ということを意識したうえで信頼関係を築いていかなくてはならないといいます。そのとき、「どうせ他者なのだから、自分のすべてを理解してもらえないことが当然」と思い、それは絶望の終着点ではなく、希望の出発点だと考えるくらいの発想の転換につなげればよいといいます。

友だちは大切なものです。それは否定しませんが、友だちづき合いで気疲れするようでは本末転倒ですし、実は友だちがいなくても何も問題はないのです。菅野がいうように、**友だちは他者、ほどほどの距離感でほどほどの関係性で十分**なのです。

皆さんそれぞれが自由にのびのび生活できたらいいですね。

【引用・参考文献】

・菅野仁『友だち幻想　人と人の〈つながり〉を考える』（筑摩書房）

愛することと愛されること

「愛とは、愛する者の生命と成長を積極的に気にかけることである。この積極的な配慮のないところに愛はない」

ドイツの社会心理学者のエーリッヒ・フロムは、愛についてこう述べています。

この言葉の意味する愛とは、恋人だけを示しません。親子や友人などあらゆる関係性においての愛です。皆さんはこの言葉のように愛する人がいますか?

フロムは、**たいていの人が愛の問題を「愛する」ことではなく、「愛される」こととして捉えていること**を指摘します。外見を磨いたりする行為は「愛される」ための行動です。そして、「愛する」ということは技術であり、それを習得するには理論に精通し、習練に励むことが必要だといいます。

少し難しくなりましたが、恋人として考えても、だれかにモテたいと思ったり、行動し

May 5

たりしたことは、多くの人が一度は経験しているのではないでしょうか。しかし、だれかを積極的に気にかけ、深く愛するということは、だれもが簡単にできることではないと感じないでしょうか。また、現在恋人がいたとしても、相手の生命と成長を望むような愛ではなく、**「自分のことをもっとこう思ってほしい」という自分勝手な承認欲求に近い想いになっていないでしょうか。**それは、本当の愛ではないかもしれません。

他者を愛するということは、簡単にできるようなものではありません。恋人でなくても父や母や兄弟に対しても、素直に愛することはだれもができることではありません。フロムは、現代人は心の奥底から愛を求めているくせに、愛よりも重要なことは他にたくさんあると考え、成功、名誉、富、権力などの目標達成にすべてのエネルギーが使われているといいます。

鋭い言葉だと思います。でも、愛することのできない人として高校生活を終えてしまうのは、これからの人生になんらかの影響を及ぼすかもしれません。

まずは、だれかを愛するという技術を体験的に学ぶことができたらいいですね。

【引用・参考文献】

・エーリッヒ・フロム『愛するということ』(紀伊國屋書店)

May 5

May 5

習慣形成の力

毎日、今までより30分早く起きてランニングをする。毎日、寝る前に英単語を5つ覚える。このように、勉強でもスポーツでも、何か目標に近づくには、コツコツと努力を継続する必要があります。

しかし実際は、**どんな些細なことでも、毎日やり続けるにはとてつもない根気がいります。**どうしてもつい怠けてしまい、自分に負けてサボってしまう人が大半です。だから、今までチャレンジして失敗した人も、そんなに落ち込まなくても大丈夫です。

何かを継続するためには、強い意志の力が求められます。

そこで、例えば毎朝30分早く起きることだけを意識し、ランニングのペースや時間は後回しにします。朝6時ならば朝6時に起きて、シューズを履いて外に出ましょう。これをまず習慣にするのです。「○○をしなければならない」という行為には意志の力が必要ですが、お風呂に入れば頭を洗うように、ご飯を食べれば歯を磨くように、習慣になればそこに意志の力が必要なくなってきます。そして、一度習慣にしてしまえば、今度はフンニングの内容も高めていくことができます。

榎本博明は、これを「習慣形成の力」といい、その重要性を強調しています。

「習慣形成によって、意志の力なしに、ほぼ自動的に望ましい行動が取れるようになるのである」

と。習慣にしてしまうことであらゆることが伸びるのだと、習慣形成の意義を説きます。

一度にあれもこれもと複数のことを同時に習慣化しようとすると、負担が大きく、たくさんの挫折を味わうことになります。それは、次のチャレンジの足かせになりかねません。だから、まずは1つのことを。一度習慣化することに成功すると、1つのことを継続するコツを知ることができます。**その成功体験の積み重ねが、目標にたどり着くための近道**といえるかもしれません。

まずは小さなことから、新しい習慣を身につけていきませんか？

【引用・参考文献】

・榎本博明『伸びる子どもは○○がすごい』（日本経済新聞出版）

新しいコミュニティで活躍してほしい場面で

May 5

新しい人間関係のよさ

今の自分の生活を顧みて、いくつのコミュニティに属しているか考えてみてください。クラスや部活だけでなく、学校外でも塾やダンスなど、いろんな活動をしている人がいると思います。

それらの組織に新メンバーが加入するとします。実は、この新しいメンバーの参入によって、その組織のパフォーマンスは向上する可能性を秘めています。

ジェームス・スロウィッキーは、似た者同士の集団だと、新しい情報が減り、お互いから学べることが少なくなっていくことを指摘しています。そこへ、経験も能力も欠けていたとしても、新しいメンバーを入れることが、より優れた集団を生み出す力になると述べています。古参のメンバーが知っていることと、新しいメンバーが知っているわずかなことが重複しないからだそうです。

これは先ほど考えた様々なコミュニティだけでなく、単なる友人関係でも同様かもしれません。友人関係に特別発揮するパフォーマンスはないかもしれませんが、**違った友人や新しい友人らと交流をもつことで、あなた自身が新しい価値観に触れることになります。**

中学校から高校へ進学したときは、まさにそのような刺激であふれていたと思います。

日本人は特にシャイな部分があり、友人関係においても閉鎖的な一面があります。どんどん新しいメンバーを参入させ、皆さん自身も新しいコミュニティへ積極的に参加することで、より多様な価値観に触れることになり、それが人間的成長につながります。

部活動など目的のある組織だけでなく、普段の友人関係も含めて、新しい人間関係の構築に前向きになってみましょう。そうして、他者の意見に耳を傾け、違った意見を受け入れていくことで、より優れた集団へ成長していくことができます。

皆さん自身を拡げる、よい出会いがあればすてきですね。

【引用・参考文献】

・ジェームズ・スロウィッキー『「みんなの意見」は案外正しい』（KADOKAWA）

May 5

May 5

情緒豊かになることを願い、詩の愉しみを伝えたい場面で

詩に触れる

皆さんは、詩を読むことはありますか？

詩の感じ方は人それぞれであり、読み方をわざわざ伝えるのは野暮な気もしますが、詩人は素朴な言葉で優しく、改めて聞くと当たり前のようでありながら普段気づきにくいことを教えてくれます。

毎日を慌ただしく、何かに追われているように過ごしていると忘れてしまうような、失ってしまうようなことを、牧歌的に、しかし鋭く伝えてくれます。

詩人の吉野弘は、結婚式のスピーチでは定番として有名な『祝婚歌』という詩の中でこういいます。

「正しいことを言うときは　少しひかえめにするほうがいい　正しいことを言うときは
相手を傷つけやすいものだと　気づいているほうがいい」

これは、結婚する二人の男女に向けられた言葉ですが、皆さんをはじめ、だれにでも通用する言葉だと思います。この詩の冒頭は「二人が睦まじくいるためには」と始まります。確かに、これから男女が長い人生をよき伴侶として共に生活していくには、正しいことを正義感いっぱいに振りかざして伝えることは、息苦しそうに感じませんか？

皆さんは結婚生活を送ったことはありませんが、**詩は本などと違って言葉数が少ない分、このように、想像したり共感したり、読み手が想いを巡らす部分が多い**のです。

「本を読みなさい」とまわりからいわれたことは何度かあると思いますが、同じように詩にも親しんでほしいと思います。

多くの優れた詩人がいますが、その人生は様々で、書き綴られる言葉も、人と人についてであったり、人と自然であったり、独りぼっちであったりと、また様々です。

時には、表現が独創的でよくわからないというものもあるかもしれません。でも、**「よくわからないけど、わかる」「よくわからないけど、おもしろい」という感覚にさせてくれるのもまた詩の魅力**なのです。

【引用・参考文献】

・吉野弘『吉野弘 詩集』（角川春樹事務所）

ご飯を一緒に食べる

皆さんは、家族そろって食事をとっていますか？
高校生になると、通学距離が長くなったり、部活動や塾などで帰宅が遅くなったりして、家族で朝食や夕食をとることができなくなり、独りで食べている人も多いのではないでしょうか。
霊長類学者の山極寿一は、最近の「家族」の在り方を危惧しています。人間は、「家族」と「共同体」の2つの集団に所属しており、これは人間以外の動物には成立しない現象だといいます。山極にとって家族とは「食事をともにするものたち」となります。どんな動物にとっても食べることは最重要課題ですが、霊長類にとっては「だれと食べるか」が特に大事だそうです。家族だから食を分かち合い、分かち合うから家族だといいます。しかし、今やその習慣が崩れ、「共食」から「個食」に代わりつつあることを指摘し、食卓が消えれば、家族が崩壊し、家族の崩壊は人間性の喪失につながるともいいます。

山極のいう食事の形態変化は、皆さんにいってても仕方のないことかもしれません。そもそも今は家族の形態自体が多様ですし、共働きの両親、兄弟の有無など、事情もバラバラです。そんな中、一律にみんなでご飯を食べることを要求するのは無理難題かもしれませんね。

しかし、山極の指摘するように、ご飯を一緒に食べることの意味は知っていて損はないでしょう。そして、**皆さんの家族のだれかがご飯を食べるとき、テレビを消して、一緒に食卓に着き、お話をするだけでも、非常に大きな意味をもつ家族のコミュニケーションとなる**ことでしょう。

あなたが独りでご飯を食べるときも、だれかに座ってもらい、今日の出来事を話しながら食べるだけでもとても楽しくなります。

高校生になると忙しくなって、そんな家族との些細な時間がつい蔑ろにされがちです。食事から家族との時間を見直せたらいいですね。

【引用・参考文献】

・山極寿一『「サル化」する人間社会』（集英社インターナショナル）

May 5

得心がいくまで道具を研ぐ

皆さんが普段使う道具といえば、何でしょうか。

身近なものでは文房具でしょうか。いつも使っているスパイクやお茶碗があったり、愛用している髪留めや腕時計がある人もいるでしょう。

日本最後の宮大工といわれた西岡常一は、道具の大切さを説いています。宮大工の教えに「道具は得心がいくまで研げ」というものがあるそうです。「得心がいくまで」というのは、これ以上は研げないという状態のことだそうです。そのように研げば、道具は「頭でおもったことが手に伝わって道具が肉体の一部のようになる」といいます。宮大工にとって、道具は自分の肉体の先端なのだそうです。

ものに魂が宿るという考え方を、「アニミズム」といいます。アニミズムが科学的に正しいかどうかはさておき、ものを大切に取り扱うということ自体は否定されるものではありません。
宮大工にとって、商売道具であるノコギリやカンナを丁寧に手入れすることは、アニミズム云々とは関係なしに、事実として切れ味が変わることを思えば、理に適っています。現在の皆さんの場合、身の回りのものは商売道具ではありませんが、皆さん一人ひとりの生活を支える大切なもの、生活道具であることには変わりません。

現代は大量消費社会なので、次々と新たなものに買い換える人も少なくありません。しかし、高価だから安価だからといったことは関係なく、一つひとつの道具を大切に、丁寧に長く使えば、西岡のいうように、皆さん自身の身体に馴染み、肉体の一部となっていくのかもしれません。得心がいくまで研くほど手入れの必要なものはないかもしれませんが、粗末な扱いをしていると、道具はすぐに傷み、使えなくなることでしょう。

大切に取り扱い、愛着をもつことで、道具は最大限の効用を発揮してくれることでしょう。

【引用・参考文献】
・西岡常一『木に学べ　法隆寺・薬師寺の美』（小学館）

コミュニケーション能力とは何か

学校生活においても、この先の就職活動の際の入社試験においても、また、入社後においても、常に社会から求められているものがあります。それは、「コミュニケーション能力」です。

コミュニケーション能力は、確かに、ないよりもあるに越したことはないと感覚的に思ったりもしますが、そもそもそれがどのような能力なのかがはっきりわからないところがあります。

皆さんは、自分自身にコミュニケーション能力があるといえるでしょうか。そもそもコミュニケーション能力はどのようにして測ることができるのでしょうか。どの程度のコミュニケーション能力があれば、世間で要求される水準を満たすことができるのでしょうか。

これらの疑問に対して、平田オリザは１つの答えを示しています。

それは、「慣れ」です。

平田は、体育会系やアルバイトをたくさんしている高校生や大学生が就職に強いという傾向から、コミュニケーション能力は高いレベルで必要なく、**単に大人や年長者とのつき合いに慣れているかどうかで十分**だといいます。

抽象的なコミュニケーション能力を求められると、それをどのように養うことができるのかで苦悩することになります。それが、具体的に「慣れ」という1つの指針があるだけで、慣れるために具体的な行動を起こすことができます。

部活動やアルバイト、学校外での地域活動やボランティアなど、多くの人と関わり、その中で関係性を構築することに慣れていく。そういった活動が必要なコミュニケーション能力の獲得につながっていくことになります。

特別リーダーシップをとったりする必要もありません。他者との会話に慣れていくこと。そう思えば、**だれでも気軽に実践できそう**ですよね。


【引用・参考文献】

・平田オリザ『わかりあえないことから　コミュニケーション能力とは何か』（講談社）

May 5

人生は下りのエスカレーター

高校進学を考えたとき、皆さんは今までどのようにしてその選択をしましたか？　また、これから大学や就職の進路を選択するときはどうでしょうか。

そこまで大きな選択でなくとも、学校生活において何かを選択する場面は少なくありません。そのときに、つい楽な選択肢を取る人もいれば、あえて険しい選択肢を好む人もいるはずです。そんな些細な選択の積み重ねは、数年後どのようにして現れるのでしょうか。そもそも、楽な方の選択ばかりするとどうなっていくのでしょうか。

山崎将志は、「人生は下りのエスカレーターを逆走しているようなもの」であるといいます。ただ立っているだけではどんどん下に行ってしまい、普通に歩いてやっと現状維持を保てることを表現しています。そして、上の階へ行くには駆け上がる必要があることを指摘します。

もちろん、現実ではエスカレーターの逆走はしてはいけませんが、人生を非常にうまく捉えた表現だと思います。

ついつい楽な方、楽な方に道を選び、知らず知らずのうちに下りのエスカレーターをそのまま下の階へ下っていることになっていませんか？ ほんの少しの行動を、自分の中ではかなりやったつもりになって、実は現状維持しているだけの人はいませんか？

勉強か部活動か、エスカレーターの性質は人それぞれだとしても、**上の階に上がり切るまで突き抜けるような行動、努力を起こすことはなかなか大変**です。しかし当然、そのときの上の階から見る景色は格別のものでしょう。

日々の選択の積み重ねが、フロアを分けるほどに開いていきます。楽なことがいつもいけないわけではありませんが、自らの成長のため、自らに厳しいことを課す選択を積極的に選んでいきませんか？

【引用・参考文献】

・山崎将志『残念な人の思考法』（日経ＢＰ）

アイデンティティ形成について考えさせたい場面で

「本当の自分」とは何か

June 6

高校生になって、今まで中学校などでつながっていた地元の友人らとは違った交友関係が生まれたと思います。また、部活動を通じて、新たな先輩や後輩と縦のつながりが広がった人も多いと思います。

さて、皆さんは、地元での顔と高校での顔、または部活動での顔とクラス内での顔、すべて同じでしょうか。さらに、友だちの前での顔と、家で家族に見せる顔もまた異なるかもしれません。

このように、本来人はその場その場のコミュニティにおいて違った表情やふるまいを見せます。ところが、日本には「八方美人」という言葉があるように、個人の人格は1つであるべきで、場面場面で異なる人格をもち出すべきではないという見方があります。もしかすると、心ない友人にそういったことを指摘されて傷ついた人もいるかもしれません。

でも、経験的な感覚ではどうでしょうか。先ほどいったように、複数の自分が場面に応じて変わることの方が普通ではないでしょうか。

平野啓一郎は、これらのことから「分人」という概念を提唱しています。

平野は「すべての間違いの元は、唯一無二の『本当の自分』という神話であり、たった一つの『本当の自分』など存在しない」といいます。逆に、それぞれの対人関係ごとに見せる複数の顔が、すべて「本当の自分」であるといいます。

もし、今まで他人に指摘されたり、自分自身で「複数の自分」がいることに対して悩んだり葛藤したりしていた人は、安心してください。**皆さんだれもが、「複数の自分」をもっているのです。**

社会人になれば、社交の術の1つとして、時と場合に応じた適切な所作を求められます。同じように、高校生だって、情熱的な一面と冷静な一面を時と場合で使い分けているかもしれません。そんな複数の面が1つになって、**多面的な「本当の自分」**があります。

また、他者に対しても「分人」としての考え方をもてたらいいですね。

【引用・参考文献】

・平野啓一郎『私とは何か 「個人」から「分人」へ』（講談社）

社会に出る準備

小学校、中学校、高校と、徐々に所帯の大きい団体や集団に属することになると、校則などのルールとは別に、高校生としての規範を求められることが大きくなります。そして、要求される規範についてあまり詳しい説明がされず、少し息苦しくなる人もいたりするでしょう。そこまででなくても、「なんで？」と疑問を抱くことが一度や二度はあったかもしれません。

中山元は、規範という概念は、社会で決まっている習慣的な約束事という意味で使われることが多いが、個人の道徳的な判断も含まれることがあるといいます。そして、規範は人々の行動を律するものであり、それが社会の秩序の維持に果たしている役割は大きいと述べる一方、規範がつくり出す「正常」と「異常」の違いは、それほど根拠のあるものではないことが多いそうです。ところが、我々はそれに逆らうことが難しく、規範のもつ無言の力は、人々を従順な動物のように調教してしまうこともあると指摘します。

最もよくある高校生に対する規範への理由づけの1つに、「社会に出る準備のため」というものがあります。社会に参画するメンバーとして恥をかかないようにと、頭髪や服装や態度について厳しく指導されることもあるでしょう。しかし、それぞれにはあまり明確な根拠がないため、戸惑いを覚えることもあると思います。

皆さんが社会に出る準備をするためということだけでなく、学校そのものの秩序の安定という意味もあるのが実情です。

ですが、それで苦しくなって、皆さん自身が疲れてしまえば本末転倒です。**社会に出る準備のための規範は、決して皆さんを排除するためのものではない**からです。

中山もいうように、明確な根拠がない場合もありますし、ほんの少し社会の場所が変われればガラリと規範そのものが変わることもあります。**何より「準備」なのですから、最初から完璧にできる必要もありません。**時には学校に対して「どうして？」と尋ねるのも間違いではありません。社会への準備は健やかにできるようにしましょう。

【引用・参考文献】

・中山元『高校生のための評論文キーワード100』（筑摩書房）

June 6

時間をかけて学ぶべきもの

日本では古くから、伝統芸能などの職人になるための「徒弟制度」という教育方法があります。例えば、寿司職人になりたい場合、腕のある板前に弟子入りし、見習いとして皿洗いから徐々に年数を重ねて一人前になっていきます。

一方現代では、寿司の専門学校があり、短期間で寿司職人になれることを売りにしているところがあります。近年、徒弟制度にある皿洗いなど、寿司を握ることに直接関係ない業務に否定的な意見もあり、徒弟制度が問い直されたりしています。

これらは、簡単にどちらがよい悪いと判断できるものではありません。ですが、学校教育での学びが経験的に長い私たちは、徒弟制度自体をうまく捉えることができないと思います。

カナダ出身の落語家である桂三輝（サンシャイン）は、「落語をはじめとする伝統芸能の世界では、『時間』が非常に重要視される傾向があるように思います」と述べています。

一定の修業期間を経ると自動的に落語家になれてしまうことが、何かの試験にパスすることよりも、考えようによってはシビアであるといいます。試験で測ることのできない心構えや技量や礼儀は、結局自分自身で身につけるしかないからだといいます。

このように、職人世界では時間をかけることがとても重要視されています。この教育制度に対して歴史的に一定の支持があるのは、そこに深い意味があるからだということは推察できます。

学校現場では、テストで成績をつけますが、テストで測ることができる学びばかりではありません。**生活習慣や集団行動などはテストで測ることができませんが、時間をかけて皆さん一人ひとりが自分で身につけるべきもの**です。そして、それらはしばしば世間からテストの成績よりもシビアに評価されます。

師匠はいませんが、学校はテストだけでなく、長期的な時間をかけて向き合うことで、大切なものを身につける場でもあります。よく知っておいてくださいね。

【引用・参考文献】

・桂三輝『空気の読み方、教えてください　カナダ人落語家修業記』（小学館）

まわりの目や世間体を気にし過ぎないよう伝えたい場面で

June 6

自分の人生の主人になる

高校生活を終えた後の人生について、どのように考えていますか?

就職にしろ進学にしろ、次のステップについて少しくらいは考えたことがあるかもしれません。

では、さらにその先の長い長い人生については考えたことがありますか?

まだまだ、具体的なイメージがわかないかもしれませんし、そもそも考えたこともないかもしれません。それとも、○歳で結婚したいとか、他人よりもたくさんお金を稼ぎたいとか、大企業で出世したいとか、そんなことを考えていますか?

渡辺京二は、「自己実現」というのは、人々を虚しい自己顕示競争に駆り立てるだけのものだと述べています。それよりも「自分の人生の主人になる」ような生き方がよいというのです。有名になることなどに囚われず、無名であっても平凡であっても、人間はみな大差のない存在であり、一人ひとりの存在はそれだけで肯定されているといいます。

この「自分の人生の主人になる」という言葉は、深くてすてきだと思いませんか？

これを踏まえて、今考えている将来のことについて整理してみてください。たった一度しかない自分の人生を、きちんと主人として歩めていますか？ どうして大企業やいい大学がよいのでしょうか。目標があるならすてきなことですが、なんとなくの世間体を気にしていませんか？ 愛する人がいないのに、○歳で結婚したいと思うことは変ではありませんか？

でも実は、この「自分の人生の主人になる」という生き方は、わかっていても簡単にできるものではありません。

しかし、知っていてください。**平凡に、無名に日々を一生懸命過ごすことは、つまらないことでも、虚しいことでもありません。ひたむきに努力し、真剣に向き合い、そんなものを積み重ねながら生きていくことは、それだけで十分尊いこと**なのです。


【引用・参考文献】

・渡辺京二『無名の人生』（文藝春秋）

June 6

June 6

広い視座をもって物事に向き合ってほしい場面で

木を見て森も見る

今皆さんは、ほぼあらゆることを自由に選択できる状況にあります。例えば、朝食にパンを食べるかご飯を食べるか選ぶことができますよね。そして、「雨が降っているから傘を差そう」というように、合理的に行動を意思決定しています。

ところが、みんながそうして合理的に行動しているはずなのに、それらの行動が集合した社会には不合理があったりします。これはいったい、どういうからくりなのでしょうか。

そういった社会について学ぶ学問を「社会学」といいます。そして、過去の偉大な社会学者たちは、少しずつ社会の問いを明らかにしてきました。

社会学の父・マックス・ヴェーバーは、プロテスタンティズムの中のカルヴィニズムの予定説に着目し、近代資本主義の成り立ちを究明しています。予定説とは、人の善行や悪事などとは一切関係なく、何事もあらかじめ神によって決められているというものです。

そして、神が絶対だから、人々は不安から逃れるために自らが選ばれた者であると信じ、仕事に精を出すということを見いだしました。それで得た収入も質素で禁欲的な生活を是としていたので、資本が形成され、投資に回ったのだと指摘します。現在の日本も資本主義ですが、資本主義と呼ばれる社会はどのように成立してきたのかを丁寧に述べています。

「木を見て森を見ず」ということわざがありますが、木を個人とすれば、森は社会です。人は自分が生まれ育った生活と、そのわずかな周辺しか見ていない場合がほとんどです。そして、自分が経験してきたことが正しいと思い込んでしまいます。そのことに気づき、少し冷静に物事を俯瞰的に見ることで、広い視野で全体を見渡すことができます。

高校を卒業したら、就職して社会に出る人もいますね。**自分の考える正しさだけを主張していくのではなく、むしろ疑うくらいの気持ちで、社会全体を概観することを意識してほしい**と思います。ヴェーバーが提示したように、各個人の宗教観から社会全体の構図が変容することもあります。一人ひとりが広い視座をもつことで、世の中が変わるかもしれません。

【引用・参考文献】

・マックス・ヴェーバー『プロテスタンティズムの倫理と資本主義の精神』（岩波書店）

生徒が精神的な不安定さや過度な葛藤を抱えている場面で

乱れる心

June 6

高校生から大学生くらいまでの期間を、心理学的には「モラトリアム期」といいます。これには「猶予」という意味があり、大人になるための準備期間と考えられています。このモラトリアム期は、精神的に不安定な一面があったり、疾風怒濤であったりするのが特徴です。

もし皆さんが将来について不安になったり、何かうまくいかないことに対して葛藤を抱いたりすることがあったとすれば、**それは精神的な成長において正常なこと**です。つらいかもしれませんが、焦ったり、困ったりする必要はありません。

絵本作家の五味太郎は、学校がよくいう「髪の乱れは心の乱れ」「服装の乱れは心の乱れ」といった言葉を否定的に捉えています。心は乱れるためにあり、乱れない心なんてないといいます。そして絵本作家らしく、「心」という漢字が、「軍」などのようにカッチリしておらず、パラパラとして字そのものがはじめから乱れているところが好きなのだそうです。

五味太郎がいうように、心は常に安定しているものではありません。ドキドキしたりワクワクしたりハラハラしたりと、特に若い10代後半の高校生の心は、常に不安定なものです。心という漢字がそれを表現していることに気づくのは、五味太郎の感性もまたすてきですね。

学校は集団で生活しますから、校則があり、ある程度きまりを守ることを厳しくいわれることもあります。しかし、**それは人間やその心を否定しているわけではありません。**むしろ、貴重な「今」を大切に、乱れたり不安定な自分をはずかしがったり、否定したりしないでください。

高校卒業後、進学する人も就職する人も、今思い悩んだりすることは、心が健康的に大人になっていくための大切な準備をしているのだと考えてください。いろんな自分の気持ちに向き合えたらいいですね。

【引用・参考文献】

・五味太郎『大人問題』（講談社）

本気になるための動機

まだ本気を出していないだけで、その気になればなんだってできる。

そんなふうに考えている人はいませんか？　いいえ、むしろだれもが一度はそう考えたことがあるのではないでしょうか。

「いつやるの？　今でしょ」というフレーズが流行ったこともありましたが、これは今すぐやれない人が多いことの証左ともいえます。

何にしても、行い始めるために相当の動機を必要とする人が多いのは事実です。夏休みの宿題を最終日近くなってから慌ててするのは、期日が迫っているという動機によってはじめて取り組めているのです。

しかし、本気を出すための動機は何でもよいのです。

元代々木ゼミナールの古文講師の吉野敬介は、元暴走族特攻隊長であり、中古車販売の会社に就職してその道でトップになることを目指していました。

ところが、当時つき合っていた女性に「男なら大学くらい行ってくれないと」といわれ大学受験を決意します。そして、わずか25しかなかった国語の偏差値を、8月からたった4か月で偏差値を60以上も上げたそうです。受験勉強を「出家」と捉え、すべての誘惑を断ち切って本気で勉強したといいます。

人によっては、こんなことが何かを始める動機になることもあるのです。そして、それが本気を引き出すことにもなったのです。

吉野の話はかなり突飛な例かもしれません。しかし、「まだ本気出したことないだけ」と思っている人は、真似できますか？

「彼女に言われた程度のことで…」と思う人もいるかもしれませんが、**本気になるための動機というのは、それぐらいなんでもよいのだともいえます。**

「いつやるの？　今でしょ」といわれて「当たり前でしょ」といつでも本気で取り組めるようになりたいものですね。


【引用・参考文献】
・吉野敬介『やっぱりおまえはバカじゃない』（小学館）

June 6

June 6

だれかがしてくれていることに感謝してほしい場面で

見えないところでだれかがしてくれている

教室をまったく掃除しないことにして日々を過ごすとします。当然、少しずつ汚くなっていきますよね？　そこで、だれかが耐えられなくなって自主的に掃除を始めます。この掃除を始めるタイミングは人によって異なります。少し汚れただけでも気になる人もいれば、まったく気にならない人もいます。

これを「反応閾値」といいます。これは、仕事に対するフットワークの軽さの個体差と考えられます。実は、反応閾値はアリやハチなどの社会性昆虫が集団行動を制御する仕組みを知るには欠かせない概念です。

長谷川英祐は、この反応閾値による個体差が、ハチやアリにとってコロニーを存続させるのに必要なシステムだといいます。もし全員が同時に働き続けてしまうと、全員同時に疲れてしまい、卵の世話など常に必要な仕事が持続しないそうです。一方、個体差があると働いていたものが疲弊して動けなくなると、仕事が処理されずに残るため労働刺激が大きくなり、今まで働いていなかった個体が動き始めるそうです。反応閾値の個体差によって常に組織に余力が生まれ、いつもだれかが働き続けることが可能になり、労働力がゼロになることがない仕組みになっているそうです。

不思議でおもしろい話だと思いませんか？　これを教室の中で考えてみたとき、それぞれの人があらゆる物事に対して反応閾値が異なっていることでしょう。掃除についてもそうです。掲示物が斜めになっている程度でも気になる人や黒板がピカピカでないと納得いかない人もいれば、床が少々汚れていても気にならない人もいます。

我々はミツバチとは違います。ですが、知らないうちにだれかがやってくれていることで成立していることというのは、案外多いものです。そして、ずっと善意でやってくれている人も、疲れてしまう場合があります。

そんなふうにバランスが崩れる前に、まずは教室の内側だけでも、だれがどんなことを陰でやってくれているのか知る努力をしましょう。そして感謝から伝えましょう。

【引用・参考文献】

・長谷川英祐『働かないアリに意義がある』（メディアファクトリー）

June 6

前向きになれば周囲も明るくなることを伝えたい場面で

June 6

物事を前向きに考える

漫画家・赤塚不二夫の告別式でタモリが読み上げた弔辞にこんな一節があります。

「あなたの考えはすべての出来事存在を、あるがままに前向きに肯定し受け入れることです。それによって人間は、重苦しい陰の世界から解放され、軽やかになり、また時間は全関係を絶ち放たれて、そのときその場が異様に明るく感じられます」

そして赤塚不二夫は、ギャグによって物事を無化していったといい、これをひと言「これでいいのだ」と表現したといいます。

人の感情を誘うのに、最も難しいのは笑わせることだといいます。脚本家や作家などからすると、涙を誘ったり怒らせたりすることはストーリーとしてつくりやすいけれど、笑いの要素は同じようにはいかないそうです。

タモリの語る赤塚の人柄は、天性の楽天家であるように聞こえます。なんでも物事を考えるときに、自然と前向きに思考が巡る人と後ろ向きに思考が巡る人がいると思いますが、それは生まれつきなのかもしれませんし、変えることができるのかもしれません。どちらにせよ、深く考え込まず、まわりの人に対して「これでいいのだ」と肯定的な言葉を発することができる人は、周囲にあたたかな笑顔を提供できる人だと思います。

笑いとは「緊張と緩和」とよくいわれます。お笑い芸人のようなギャグをもっていなくても、いついかなるときも暗い言葉を口に出すのではなく、明るく前向きな言葉を笑顔で語ることで、周囲も感化され、ニコニコしていくことでしょう。そういった意味でも「これでいいのだ」という言葉はとても力強く感じます。

しかし、これはだれもができることではありません。**ほんの少し日常の中で前向きで明るい言葉かけを意識してみてください。**ただそれで無理が生じ、自分自身を疲れさせては本末転倒です。**できる範囲でいろんな物事を肯定的に前向きに考えてみましょう。**

自然と自分もまわりも明るくなっていけばいいですね。

【引用・参考文献】

・樋口毅宏『タモリ論』（新潮社）

恋愛をするということ

勉強は、ある程度努力を重ねると、それが成果として目に見える形として現れてきます。スポーツも同様です。必死になって打ち込めば、ある次元まではその量に応じて比例的に伸びるものです。

ただ、恋愛はこういったものとはまったく異なります。場合によっては、がんばればがんばるほど逆効果になることもありますし、ダメなものは何をしてもダメということがあり得るのが恋愛です。この理不尽さ、どうしようもなさは、他ではなかなか味わえません。

学校では、わざわざ恋愛を奨励することはありませんが、**高校生だからこそ、成就する恋も失敗に終わる恋も、別れも経験し、簡単なことで舞い上ったり、やるせない気持ちになったりするのも悪くありません。**

映画評論家の町山智浩は、「初めての恋愛は、免許もなしで自動車に乗って公道に出たような感じだった」といいます。「もちろん恋愛に免許なんてないし、試験場もないのだが」と続けながら。人を愛するということは、相手もいることであり、それぞれが「本番」なので「練習」ができず失敗しながら学ぶしかないといいます。また、恋愛経験を重ねることで、その人の人生も相手の人生も傷つけずにはいないといいます。

数学の問題を解くより恋愛は難解かもしれません。そして、そのチャレンジは練習がなく、自分も相手も傷つくことがあると思えば、かなり勇気の必要な行動かもしれません。また、一度うまくいった場合があっても、次も同じように成就するわけではありません。当然、相手が違うわけですから。恋愛に関する歌や小説や映画をいくら履修しても、免許がもらえるわけではありません。

この不可解な男女の関係性を残した人類創造の神は、いたずらな遊び心があったのでしょう。ですが、不思議なもので、**好きな人と一緒になれた日には、目の前の景色がまったく違って見え、人生そのものに彩りを与えられた気持ちにもなります。**無理やりするものでもありませんが、ときめく想いがあってもいいかもしれませんね。

【引用・参考文献】

・町山智浩『トラウマ恋愛映画入門』（集英社）

お金以外の資本

将来どんな仕事に就いて、どんな人生を送りたいか。こう若者に尋ねると、要するにお金をたくさん稼ぎたいということに行き着く人が多いものです。

皆さんはどうですか？　例えば、「やりがいのある仕事」といっても、生活に困らないだけの収入は必要だと思うものですし、歌手やプロ野球選手になりたいと思っていても、実はそれが大金を得るためだったりすることもあります。それほどお金は重要であるということも事実です。

お金のことを「経済資本」といいますが、**経済資本は資本のすべてではない**のです。

ピエール・ブルデューは、資本には経済資本、文化資本、人間関係資本の3つがあり、中でも文化資本の重要性を説いています。文化資本とは、家庭や学校などで相続されたり獲得されたりする、有形無形の文化的所有物だといいます。経済資本と同じく蓄積可能性と他の資本への変換可能性によって利益を生み、卓越化を可能にさせると示唆します。さらに、文化資本は、知識、教養、嗜好などの「身体化された文化資本」、書物や絵画などの「客体化された文化資本」、学歴や資格などの「制度化された文化資本」があるといいます。

少し難しいですが、両親がお金持ちであったとき、その子どもは自分でお金を稼ぐことができなくても裕福な生活ができることでしょう。同じように、家庭に書物が大量にある家庭の子どもは、自然と本を読むようになったりします。このように、文化的なものもお金のように資本となり、それはお金のように蓄積でき、またお金を手に入れることもできるものであるとブルデューはいっています。

こう考えると、将来「お金を稼ぐ」ということだけにそれほど執着しなくてもよいと思いませんか？　書物や絵画などに触れることで、別の資本も得られるのです。

また、**皆さんの家の中にも文化的意味合いのあるものが実は身近にあって、すでにそれらが皆さんの身体へと引き継がれているのかもしれませんよ。**

【引用・参考文献】
・ピエール・ブルデュー『ディスタンクシオンⅠ・Ⅱ』（藤原書店）

組織として進化していくために

　野中郁次郎らは、太平洋戦争時の日本軍について組織論的に研究を試みています。その中で、組織とは絶えず不均衡であらねばならないといっています。完全な均衡状態は適応の最終状態であって、組織の死を意味するというのです。逆説的に「適応は適応能力を締め出す」といい、日本軍が自己革新能力を失い、環境適応に失敗したことを示唆していいます。均衡状態からずれた組織では、多様性が生み出され、相互作用が活発になり、組織内に疑問や破壊が自然発生し、進化のダイナミックスが始まるそうです。

　さて、高校生にとってこれに類似した組織とは、やはり目指すべきものが明確な部活動だと思います。

　新入生のときは刺激に満ちた部活動も、ほんの数か月経つと徐々に慣れ、いつも通り同じ練習を繰り返し、メンバー間にも慣れ合いが生まれてきます。

これはまさに、組織に適応した状態といえるのではないでしょうか。つまり、自己革新能力に乏しくなるということになります。

学校現場では、そうそう簡単にメンバーの入れ替えが行われることはないと思います。だからといって「仕方ないよね」とあきらめるのは早計です。例えば、ミーティングを行って、いろんな意見を募ってみてください。普段から全員が同じような発言力で接しているでしょうか。声の大きな者から声の小さな者までいる場合、その小さな声を拾うことが大きなポイントになることでしょう。また、目標をこまめに見直したりすることは、マンネリ化を防ぐことにもなります。

時には、メンバー同士で不和が発生する場合もあります。一部のメンバーに疑問や不満が募る場合もあります。それらにもまず自分たちで向き合ってみてください。**一見トラブルに思えることも、乗り越えていくことが進化のダイナミズムにつながります。**何より、組織だけでなく、お互いの精神的成長にもつながりますよ。

【引用・参考文献】
・戸部良一・寺本義也・鎌田伸一・杉之尾孝生・村井友秀・野中郁次郎『失敗の本質―日本軍の組織論的研究』（中央公論新社）

July 7

一つの言葉と丁寧に向き合う

「情けは人のためならず」ということわざがあります。これは、最後の「ならず」の部分が現代的な使い方とは異なっており、本来「情けは人のために『なる』」という意味なのですが、「ならない」と誤解している人が多いことで有名です。

もちろん、皆さんは正しく読み取れていたことと思います。

このように、日常的な言葉でも、その由来や成り立ちを確認すると、普段自分たちが用いている使い方とは異なっている場合があります。または、より深い意味合いを知ったりすることがあります。

言葉というものは、時代とともに移り変わるものでもありますから、変化することの是非については置いておきましょう。

ただ、**一歩深く、言葉一つひとつと丁寧に向き合うことで、大きな広がりをもつのも事**

実です。それが、歴史や文化や思想を学ぶことにつながっていきます。

呉智英は、仏教における「諦」の概念の日本固有の使い方を指摘します。「あきらめる」という言葉は、断念するという意味ではなく、「明らめる」すなわち、真理を明察し、真実を明示し、すべてが分明になる、ということだそうです。その真理・真実とは、仏教の諸行無常であり、諸法無我であり、涅槃寂静《ねはんじゃくじょう》であると述べます。つまり、「諦める」とは「明察する」ことだと示唆しています。

このように、「あきらめる」ということ1つとっても、仏教においては概念になっています。たった1つの言葉、1文字の漢字、それも日常的によく目に触れるようなものが、1つの概念として成立しているということに感動しませんか？「あきらめる」という言葉が「明察する」につながれば、ネガティブからポジティブな響きへ変わった気がしますね。

このように、日本固有の使い方には、驚くほどの奥深さを感じませんか？ 皆さんにも、日頃使っている言葉を掘り下げて考えてみることをおすすめします。


【引用・参考文献】

・呉智英『つぎはぎ仏教入門』（筑摩書房）

July 7

動物のすばらしさを伝えたい場面で

なぜ動物に車輪はないのか

July 7

どんなに技術が発展しても、自分自身の身体はそのままです。自転車で学校へ向かう途中、パンクなんてしてしまうと、いっそのこと自分の足がタイヤになって進んでいけたら楽なのに…なんてことを考えたりしませんか？

本川達雄は、なぜ自然界に車輪を持つ動物がいないのかという問いに、エネルギー効率を根拠に説明しています。陸上では足と車輪、水中ではひれとスクリュー、空中では翼とプロペラ。特に水中においては、ひれを使った船の開発もあるそうですが、ひれを鉄板でつくらざるを得ないことから効率が上がらないそうです。このように、人間の使ってきた技術は、石や鉄をはじめとした硬いものに基礎を置いている一方、動物はしなやかで柔らかいことが特性になるといいます。硬い素材は車輪と相性がよく、それに慣れたことで、動物界に車輪がないと奇異な感じを抱くと示唆します。

そう、我々動物の体はしなやかで柔らかいのです。だから、コケても壊れることがないのです。私たちは、このように科学技術の便利さに盲目的になり、根源的な当たり前をつい忘れてしまうときがあります。

走るにも飛ぶにも泳ぐにも、車輪があれば便利な気がします。ですが、車輪では階段は登れませんし、何より自然のアナログの中では圧倒的に足の方が便利なのです。ふと街で見るトンボの飛行能力を考えても、プロペラでは不可能な動きをしていることはひと目でわかります。本来、そんな簡単な観察からでもわかることにもかかわらず、**私たちは人間中心的な考え方から、単に人にとって便利なことを是とする思考回路に陥っています。**

実際、あらゆる分野の科学技術の設計が、野生動植物の生態をモデルにしています。自然界のリメイクを硬い素材で必死に行っているに過ぎません。車輪は確かにあると便利ですが、もっと自分の体がしなやかで柔らかいということを誇りに思ってみてもいいかもしれません。

…でも、足にタイヤもほしくなりますよね。

【引用・参考文献】

・本川達雄『ゾウの時間ネズミの時間』（中央公論新社）

あこがれる対象を見つけてほしい場面で

July 7

だれかに「感染」する

社会学者の宮台真司は、ものを学ぼうとするときの動機を3つに分類しています。まわりの人とテストで点数を競い合うような「競争動機」、自分で問題が解けたと感じる喜びである「理解動機」、そして自分もこういうスゴい人になりたいと思う「感染動機」です。

そして、戦後の日本教育は「競争動機」と「理解動機」に重きが置かれてきましたが、「感染動機」が最も学んだことが身になると述べています。

皆さんには、「自分もこういう人になりたい！」と強く感じるスゴい人がいますか？

その人に憧れ、身振り手振りや話し方まで真似してしまうほど、「感染」していますか？

例えば、高校生になると親や先生のいうことが素直に聞けないときがあったりします。

不思議なもので、母親にいわれたら反抗するのに、好きな彼女に同じことをいわれたら素直に受け入れたりします。父親にいわれたら強く反発するのに、かっこいい先輩に同じことをいわれたら聞けたりします。

これは、**「だれにいわれたか」で言葉の説得力は変わる**ということです。いわれてみれば、感覚として経験上わかるのではないでしょうか。

だからこそ、「感染動機」のパワーは強大であるともいえます。例えば、同じ内容を同じように説明する授業でも、どの先生がいうかで理解度が変わる、といったこともあり得ます。

ですから、自らが能動的に「スゴい！」と思って、だれかに「感染」しているかいないかによって、皆さんを動かすエネルギーの有無にも違いが生まれます。

当然、これは与えられるものではありません。そして、有名人などでもよいですし、身近な人でもかまいません。もちろん、複数人いても問題ありません。だれかしらに強く憧れ、その人に近づきたいとアクションを起こすことは、立派な「感染」です。

1人でも多くの感染源に出会えるといいですね。

【引用・参考文献】

・宮台真司『14歳からの社会学 これからの社会を生きる君に』（世界文化社）

人が読みたくなる文章

高校生活の中で、読書感想文や人権作文のような何かの文章を書く機会は多くあると思います。そんなとき、いつも何を意識して書いていますか?

つらつらとあったことを並べるだけの文章になっていませんか?

もしくは、「楽しかった」「すごかった」など、思いつきのような感想を述べるだけになっていませんか?

確かに、よい文章を書くということは、簡単ではないかもしれません。しかし、だからこそ、何度も意識して書くことで、各段にうまくなることもできます。身につけた技術は、進学にしろ就職にしろ、進路の自己実現の際に大きな武器になることでしょう。

田中泰延は、随筆を「事象と心象が交わるところに生まれる文章」と定義しています。

そして「人間は、事象を見聞きして、それに対して思ったこと考えたことを書きたいし、また読みたいのである」と述べます。

「事象」とは、見聞きしたことや、知り得たことです。「心象」とは、事象に触れてあなた自身が感じたことです。

田中は、その2つがそろってはじめて随筆が書けるといいます。

おそらく、あった出来事だけを書き並べている人は、事象だけを書いている可能性があります。また、「楽しかった」など抽象的な気持ちだけを書いている人は、曖昧な心象だけの文章になっている可能性があります。これでは、他者が読むのに魅力的な文章になっていません。

事象と心象を交わらせてください。学校でのちょっとした感想文からほんの少し意識するだけで、文章は見違えるように変わります。

人に「読みたい」と思わせる文章、書いてみませんか？

【引用・参考文献】

・田中泰延『読みたいことを、書けばいい。人生が変わるシンプルな文章術』（ダイヤモンド社）

前向きな気持ちで物事に挑戦してほしい場面で

July 7

一生懸命愉しむ

高校生になって、何か新しいことに挑戦しようと試みた人は少なくないと思います。でも、いざやってみると三日坊主で終わってしまい、継続することの難しさを痛感している人も少なくないと思います。

ストイックに、常に高いモチベーションを保ち続けるスポーツ選手の第一人者ともいえる、「カズ」ことプロサッカー選手の三浦知良選手。彼は50代後半になってもまだ現役でプロサッカー選手としてプレーしています。

そんなカズ選手が、どうしてそんなにずっと高いモチベーションでいられるのかを聞かれたときにこう答えています。

「僕はサッカー一筋でやってきているけれど、サッカーを愉しんでいるということにやっぱり尽きるのだと思う」

そして、サッカーだけではなく、遊びもお風呂も人と会うときも、すべてを一生懸命に、そのときそのときを目一杯にやっていくことの積み重ねが今の自分だといいます。

カズ選手が語ると、まるで簡単なことのように聞こえます。しかし、プロサッカー選手として40年も現役で過ごすことは、前人未到で他に類がありません。

非常にシンプルですが、とても大切なことがカズ選手の言葉には含まれています。**一生懸命愉しんでいる**ということです。

皆さんは、何かをちゃんと一生懸命愉しめていますか?

自分に無理をして嫌々行動に移したところで、長続きしないことは目に見えています。もちろん、場合によっては、苦手なことや嫌なことに向き合う機会も必要でしょう。逆にそんなときこそ、一生懸命に向き合い、愉しいこととして受け入れなければ、気持ちが入りません。それをカズ選手のように長く続けられるのは類まれな才能かもしれません。ですが、皆さんが何かに挑戦するときにも、大いに参考になるのではないでしょうか。**後ろ向きな挑戦を、前向きな挑戦に変える意識をもってみましょう。**

【引用・参考文献】

・三浦知良『やめないよ』(新潮社)

July 7

勉強以外の「何か」

たまに、大人の人の中に「(学校の) 勉強ばかりしていないで…」というような助言をする人がいます。実際、皆さんの中にもいわれたことがある人はいますか？

対になる言葉として、「遊んでばっかりいないで勉強しなさい」があると思います。どちらかというと、この言葉の方がよく聞くかもしれませんね。

どちらも正しく、どちらも皆さんのことを思っての言葉だと思います。

水木しげるは、子ども時代、楽しみが多過ぎて勉強どころではなかったといいます。大層な凝り性だったそうで、紙相撲、昆虫採集、新聞の題字集め、都市人口表づくり、貝や石、海草、犬猫の骨などの収集、そしてもちろん絵をかくことに妖怪…と、とにかく興味を覚えるとやめられなくなる奇癖だったといいます。それに加えて、ガキ大将になるための努力もしていたようで、おかげで算数の試験はいつも0点を取り、まわりからは変人扱いされ、親にも呆れられたといいます。大人になってからもこの癖は直らず、何の役にも立たないといわれたけれど、漫画家としては役立ったといいます。

皆さんは、水木のように勉強以外でのめり込むように夢中になれるものはありますか？「勉強ばかりしていないで…」と助言する人は、「勉強をするな」という意味でいっているわけではないと思います。**勉強以外の「何か」をしてみてはどうか。**そういうメッセージが込められているように感じます。

大人になれば体感できるのですが、学校での学びは人生にある程度大きな意味をもちますが、それだけではいけません。**だれにだって、もっと他にも人生を豊かにするエッセンスがあるはず**です。

それが何かというのは人によって異なりますし、明確に「これだ」といえるものでもありません。しかし、水木のように無我夢中でやりたいことであふれている人はたくさん見えますし、実際、学校の勉強ではないけれど、水木の人生に寄与しています。

たまには勉強以外に夢中になってもいいかもしれませんね。

【引用・参考文献】
・水木しげる『のんのんばあとオレ』（筑摩書房）

戦争を学び、戦争から学ぶ

昭和17年、先の戦争中にインドネシアのジャワ島を統治した今村均中将は、その人道的な統率スタイルが高く評価されています。

今村は部下思いで知られ、懇談や雑談に多くの時間を割き、できる限り各人の性格・特技・特性を理解しようと努めました。また、支配下となったインドネシア人の文化を尊重し、慣習や言語、教育、産業、政治まで民族主体の穏健統治を成功させました。この今村によるジャワ軍政は、戦後連合国からも称賛され、「仁将」と呼ばれるようになりました。

急に戦争の話をしましたが、間もなく、戦後80年が経とうとしています。戦争を経験した人は今や数少なくなり、直接話を聞く機会は希少になりました。

決して繰り返してはいけない戦争を、もはや我々は文献と想像によって学ぶことしかできなくなりつつあります。今も世界では戦争が行われている国もありますが、それは単なるニュースの1コマになっているかもしれません。

戦争によって占領した土地では、軍事力を用いて人々を奴隷のように統治する軍事独裁統治が歴史的にも主として行われてきました。そこでは、大量餓死や大量虐殺がたびたび展開されました。今聞くと、これは非常に残虐な行為ですが、戦時中においては価値観が大きく異なり、このような統治方法も正当化されます。

そこまで想像力を働かせてから考えると、今村中将の行ったジャワ軍政の偉大さがよりわかるのではないでしょうか。この偉大な人徳者の統治方法は示唆に富んでおり、現在でもあらゆる分野で応用できることがわかります。

戦争はいけません。ですが、単に人による殺生が残虐であるからという理由一点において短絡的に否定するのでは、戦争から学ぶことが少な過ぎます。

現在とはまったく異なる価値基準の中で、どのようなことが起こり、何が行われたかを、目を反らさずに見つめることで、より根源的な部分で戦争を教訓とすることができるのではないでしょうか。


【引用・参考文献】

・菊澤研宗『組織の不条理　日本軍の失敗に学ぶ』（中央公論新社）

July 7

生徒が自身の可能性を狭めてしまっている場面で

学びの限定を解除する

「これ、テストに出ますか？」

この質問を今までの学校生活の中で聞いたことがない人はいないのではないでしょうか。そして多くの先生は、この質問を嫌っています。

どうして先生方はこの質問を嫌うのでしょうか。スタンフォード大学で教鞭をとるティナ・シーリグは「光り輝くチャンスを逃すな」と授業の最初に学生に向かっていうそうです。そして「これ、テストに出ますか？」という質問は、自分が望む成績を取れる最小限の努力でいいという考えが透けて見えること、学校では長年の間にそれが刷り込まれてしまい仕事でも同じようなことが起こることを指摘します。そして、最低基準を満たすのではなく、そういった限度を外したときに光り輝くことができるといいます。

皆さんの心情がわからないわけではありません。特に高校生活における評価の重みを考

September 9

えると、できるだけ評価対象となる学習範囲を限定したくなることでしょう。

ですが、当然のことながら、**その限定を解除し、学びを広く深くしていくことが、将来的により飛躍することになるのは明らか**です。

「テストに出るんだろうか」と少しでも疑問に思ったところは、テストに出る出ないにかかわらず、前向きに学習することをおすすめします。

また、理想的には、テストに出るから学ぶのではなく、授業で学んだ内容すべてを学習していけば、その蓄積が「光り輝くチャンス」になっていきます。

特に、企業内評価では、学校とは異なり、テストに出るところを勉強していれば大丈夫という基準はありません。**最低限度の仕事量で「光り輝くチャンス」は巡ってきません。**

大変かもしれませんが、いっそ「ここもテストに出る」と思って勉強していきましょう。

【引用・参考文献】

・ティナ・シーリグ『20歳のときに知っておきたかったこと　スタンフォード大学集中講義』（CCCメディアハウス）

仕事は自分に合わせてくれないことを伝えたい場面で

「自分に合った仕事」はない

「青い鳥症候群」という言葉があります。これは、自分の理想とする職場を求めて転職を繰り返す人のことを指します。

近年、進路指導の一環として、「自分に合った仕事」を生徒に模索させる傾向があります。確かに、まったくやりたくもない仕事より、興味関心のある仕事の方が長続きしそうですし、仕事の探し方の1つとしては正しい方法です。

一方で、**完全に自分に合った仕事が世の中にあるという前提に立つのは危険**です。個人を中心に世の中が成立し、回っているわけではないので、まわりが皆さん一人ひとりに合った仕事を用意して待っていてくれるわけはありません。

養老孟司は、仕事というのは社会に空いた穴だと説きます。道に穴が空いており、そのまま放っておくとみんなが転んで困るから、そこを埋めてみる。ともかく目の前の穴を埋

September 9

めることが仕事というものであって、自分に合った穴が空いているはずはないといいます。これは非常に上手なたとえだと思います。

もし起業することを考えている人がいたら、いかにだれも気づいていない社会に空いた穴を探すことができるかが、ビジネスチャンスにつながると思います。そのとき、自分に合った穴なんてないのは当然です。

働くということは大変です。いざ、働いてみると、向き不向きはあるかもしれませんが、仕事が自分に合わせてくれることはありません。**むしろ、自分が仕事に合わせることの方が当然**です。

このように考えると、入社してすぐに「違う」と判断して辞めてしまうことのもったいなさや、大人がよくいう「石の上にも3年」という言葉の意味がわかってくるかもしれません。

もちろん、興味関心の高い仕事から選択していくことは当然ですが、少し働くことの意味を考えながら探していけたらいいですね。

【引用・参考文献】

・養老孟司『超バカの壁』（新潮社）

勉強は過程

毎日の授業、勉強が楽しくなく、つまらない。なんなら苦痛に感じるということは、だれもが経験したことがあるかもしれません。

皆さんの現状はどうですか？　得意な教科は楽しさを感じることができて時間を忘れるほどのめり込んだりすることができたとしても、苦手な教科では楽しみやおもしろさを見いだすことができず、学ぶことを避けるような気持ちになっているかもしれません。

そもそも、どうして勉強しなくてはいけないのか。このような疑問をだれもが抱いたことがあるのではないでしょうか。

森博嗣は「勉強というのは、その行為に目的があるのではない、という点が重要なのだ。なにか、ほかに目的がある。そして、そのための過程が『勉強』と呼ばれているだけである」といいます。

それはつまり、過程である勉強を楽しめるかどうか、という問題は、本来の目的が見えていないだけであり、そもそも問題ではないと述べます。

元々、勉強そのものが楽しく好きな人はそのままぐんぐんと学び続けてください。

もしも、勉強することに気が重くなっている人は、勉強のやる気が出る方法を探る前に、まずは自分の目的を整理してみてはどうでしょうか。勉強すること自体がゴールではありません。目的達成のための「過程」です。まずは目的を整理し、目指すべきものが見えてくると、勉強に取り組むモチベーションが変わってくることでしょう。

特にその目的が目の前にある場合、そのための過程である勉強がとても楽しくなります。そして、**一度その達成感を味わうことができると、循環的に学んでいくことができます。**

最初から大きな目的を立てることはありません。**小さな目的でも構わないので、まずは目的を見つけることで、日々の授業や勉強に向かう姿勢を変化させることができます。**

過程をうまく楽しめたらいいですね。

【引用・参考文献】

・森博嗣『勉強の価値』（幻冬舎）

September 9

道は自分で開いていくしかない

人生、ふとしたときにチャンスは訪れます。いつどんなときにそれがやってくるかもわかりません。「人生運も実力」といわれますが、**とっさにそのチャンスをつかむためには日々の努力が欠かせないのも事実**です。努力は運を引き寄せます。

「結局、道は自分で開いていくしかない」

志村けんは芸能の厳しい世界をこう語りました。何もしていない者が「じゃあ、お前ちょっとやってみな」といわれることはあり得ないといいます。普段から何かをやり続けているから、だれかの目にとまって声をかけられる。それでも、コントの1本や2本つくれてもダメで、テレビの世界はとにかく数をたくさんつくれないと役に立たないそうです。そのためにも、無駄なことでもなんでも知っていた方がよく、知らないと損をすることはあっても、知っていて損することはないといいます。

皆さんにとって「ちょっとやってみな」といわれることはなんでしょう。志村けんの話からは、**そのひと声をかけてもらうためにも努力が必要で、さらにそのチャンスを生かすにも努力が必要**ということがわかります。

そして、努力の1つの要素に、圧倒的な量があるということも示唆しています。自分で無駄かどうかを判断せず、貪欲に何でも吸収しようとする姿勢が求められているのです。

皆さんには、そんなふうにひたむきかつ貪欲に努力していることはありますか？

「これは自分には必要ない」と選り好みしていませんか？

実際、それほどの努力をしていても、陽の目を見ずに去って行った人が数多いることは想像に難くありません。ならば、特別努力していない人に易々とチャンスが巡ってくるわけもありません。

「結局、道は自分で開いていくしかない」という言葉には、それだけ重みを感じます。皆さんも、いつ来るかわからないチャンスを引き寄せるためにも、それを確実につかみ取るためにも、日々の努力を貪欲にしてほしいと思います。

【引用・参考文献】

・志村けん『変なおじさん』（日経ＢＰ）

要領のよさがすべてではないと伝えたい場面で

遠回りは無駄ではない

「器用」というのは、一般的にほめ言葉となっています。「何でも器用にこなすね」といわれると、気分は悪くないと思います。逆に「不器用だね」といわれると、いい気がするものではありません。

しかし、これとは真逆の評価をする世界があります。

宮大工の小川三夫は、器用は損だといいます。器用な子は手先だけでなく頭も器用であり、要領もいい。だからこそ、自分ができると思い込み、ここまででいいという線を読んでしまうといいます。

神社仏閣を手がける宮大工は、一つひとつの仕事を確実に積み重ねていく仕事であり、器用である必要はなく、むしろ「不器用の一心」で急がずに一つひとつ納得がいくまでやって階段を上がっていく方がよいといいます。千年後にも立ち続ける建物を造るには、急

September 9

がず、要領ではなく、時間をかけないといけないと語ります。

現代の社会では、確かに要領のよさを求められることが多いという事実はあると思います。それは、皆さんが器用や不器用といわれ、うれしくなったり落ち込んだりすることともつながっています。

ですが、先ほどの宮大工の話は、宮大工に限ったことではないということも事実です。要領よく見定めて、「この程度でいい」と器用にこなすことが必ずしもよいとは限りません。

仕事だけでなく、物事には、焦らずゆっくりと時間をかける必要のあることがたくさんあります。器用にこなすことに忙しくなってしまっては、ゆっくり向き合うことの大切さを見失ってしまうことがあります。

決して器用で要領のよいことを否定しているわけではありません。ただ、**不器用であっても、要領が悪くて遠回りになっても、それはまったく無駄なことではない**ということを知ってほしいと思います。


【引用・参考文献】

・小川三夫・塩野米松『棟梁　技を伝え、人を育てる』（文藝春秋）

September 9

クラス内で優劣は存在しないことを伝えたい場面で

それぞれが居心地のよい教室

September 9

「スクールカースト」という言葉があるように、しばしば学校の中では皆さん生徒間で序列や対立を生み出したりすることがあります。どうでしょう、心当たりはありますか？またそれぞれのキャラクターで強者弱者を大別したり、いじめとまでいかなくても、暗黙の優劣が発生したりすることがあります。

非常にくだらないので、やめましょう。

高校生です。**1人の人格は個性として認められます。**休み時間に1人で本を読んでも、1人で昼食を食べても自由なのです。数学が得意な人もいれば、体育が得意な人もいます。わからない問題や苦手なスポーツ等困ったことがあれば、だれかが一緒に助けてあげればよいだけの話です。教室は、お互いが自由に安心して過ごせる場所となるものです。

ポール・ウィリスは、学校へのエスノグラフィーを通じて社会的再生産のメカニズムを明らかにしようとしました。「野郎ども」と呼ばれる労働者階級の子らは学校教師を含む権威に反抗する若者であり、彼らの内面を丁寧に描き出しています。野郎どもは学校に従順な生徒らのことを「耳穴っ子」と呼び、軽蔑することで自らの優位性を確証していくことを見いだします。精神労働を女々しいものとみなし、自らたくましく積極的に肉体労働を選択していくことが社会的再生産をもたらしていることを示唆しました。

実は、教育研究の中では、このウィリスの研究のように、階級差などにおいて対立や反抗という現象がすでに古くから発見されています。

これはアイデンティティや社会構造など多様な背景も絡む根が深い問題でもあります。しかし、そこから時が経ち、現代において、少なくとも教室内で同様の繰り返しが行われてはいけません。

同じ教室にいるメンバー全員が仲良しになれといっているわけではありません。それはまた不条理となります。**ただそれぞれの個性を尊重するだけで十分**です。だれかが偉くてだれかが偉くない空間は落ち着いて勉強することもできませんね。

【引用・参考文献】
・ポール・ウィリス『ハマータウンの野郎ども』（筑摩書房）

本気になって物事に取り組んでほしい場面で

やればできるならば、いつやるのか

皆さんは案外、心の中で「自分はいざというとき、やるときはやる人間だ」と思っていたりしませんか？

人には堂々といいにくいものですが、本音の部分では「私はやればできるんだ、まだ本気になっていないだけだ」と思っている人は実は多かったりします。そのように思うことは必ずしも悪いことではありません。**失敗したとしても、実際に本気になったり挫折したりを繰り返していれば、どんどん成長できます。**

しかし、残念なことに、多くの人が本気になるタイミングを失っています。スイッチがなかなか入らないので、「やればできる詐欺」かとまわりの大人たちは疑ってしまうほどです。そこで、やるときはやるというのを実行した大物のエピソードを紹介しましょう。

忠臣蔵で有名な大石内蔵助は、「昼行燈」というあだ名をつけられていたそうです。そ

September 9

れは真昼の行燈はぼんやりとはっきりしないけれど、夜になるとなくてはならないように、いったん緩急あれば光り輝く存在であったことからといわれています。事実、その実力は剣技、軍事采配やその他の仕事においても秀でていたにもかかわらず、論語の講義では居眠りをしていたり、まわりには仇討ちを思わせないほど遊び呆けて放蕩三昧していたそうです。だからこそ仇討ちを成功させられたのかもしれません。「あら楽し思ひは晴るる身は捨つる浮世の月にかかる雲なし」という辞世の句にも昼行燈さを感じます。

能ある鷹は爪を隠すといいますが、まわりに昼行燈とまでいわせた大石内蔵助の爪の隠しっぷりは相当なものだったのでしょう。そして、歴史的にも大事件となる仇討ちを成功させたというのは、人生をかけてやるべきときがあったということの証左となります。

もしかして、皆さんも大石内蔵助に匹敵するような出来事を、今も研ぎ澄ました爪を隠したまま待っているのかもしれませんが、その必要はありません。**皆さんにとってやるべきときは身近にたくさんあります。**まずは直近の定期テストでその爪がちゃんと研磨されているか試してみましょう。先生はやればできるところを素直に見てみたいですよ。

【引用・参考文献】

・飯尾精『忠臣蔵　時代を動かした男たち』（神戸新聞総合出版センター）

September 9

学校化された考えをぶち壊す

学校で放課後に補習を受けたとします。その時点で、補習に出たから成績が上がると思い込んでいる人がいます。そんなわけはなく、結局勉強するのは自分自身で、補習は補助的な役割でしかありません。もしかしたら、塾もそのような感覚になっていませんか？塾に行けば成績が上がるという宣伝文句もありますが、集中せず、ただ行くだけの塾に高い学習効果は期待できません。

イヴァン・イリッチは、子どもが学校に所属し、学校で学び、学校でのみ教えられ得るということが近代社会において疑いのない前提になっており、望ましいこととされているけれど、その前提について大きな疑問を投げかけています。教育が学校化されることによって、教授されることと学習することを混同し、進級すればそれだけ教育を受けた、免状を取得すれば能力がある、とみなすようになっているといいます。我々が知っていることの大部分は、学校の外で教師の介在なしに学んできたにもかかわらず、とつけ加えながら。

日本の学校教育は、中学校までは基本的に年齢に応じて学年も上がっていきます。各学年における学習内容は体系化されており、すばらしいシステムですが、その影響は大きく、皆さんがわからないうちに考えが学校化されてしまいます。

先ほどの補習でもそうですが、受けてその時間を過ごしただけで、学習したと達成感をもってしまいます。また、イリッチがいうように、教授されることと学習することの混在もあります。**学校教育という枠組みの中に入らなくても、先生がいなくても、刺激的で楽しく学ぶことはできます。**

まずは、皆さん一人ひとりが主体的に勉強に取り組むことを意識してください。授業に出ただけでは意味がありません。また、学校以外の場でも何か活動してみましょう。学校という枠から離れ、学校化された考えをぶち壊してみましょう。すると、皆さんのまた違った可能性が見いだされるかもしれません。


【引用・参考文献】

・イヴァン・イリッチ『脱学校の社会』（東京創元社）

生徒が本番で力を発揮できていない場面で

毎日の取組から本番を意識する

「練習は本番のつもりで、本番は練習の気持ちで」

これは元宇宙飛行士である山崎直子が、宇宙でのミッショントレーニングの際に教官にいわれて、実践していた心得だそうです。当たり前ですが、何度も何度も反復してトレーニングを行い、本番を迎えたそうです。山崎さんは、これはどんな試験にも通じると仰っています。

あんなに勉強したのに、当日のテストでは解けなかった。そんな経験はだれにもあると思います。本番で緊張して、冷静さを失ってしまうことは、なかなか克服しにくいものです。落ち着こう落ち着こうと考えれば考えるほど、逆効果になることもよくあります。

宇宙でのミッションは命がけです。ほんの小さなミスすらも許されない、過酷な環境の中で確実な作業を求められます。そんな当たり前を当たり前にすることを、実際宇宙で行

September 9

ってきた山崎さんの言葉は、ありきたりなようで、深い説得力をもちます。

高校生であっても、宇宙飛行士であっても、心がけは同じです。

日々の勉強であったり部活の練習であったり、あらゆる活動を、本番を意識して行っているかが、その本番に試されます。同じことを反復しながら繰り返すことで、本番に練習のように行うことができるのでしょう。

いつもしていることをするだけ。そこまでの気持ちになるにはどれほどのことをすればよいのかは、人によって異なります。**本番に落ち着いて練習のように臨めるのは、それまでいかに本番のつもりで取り組んだかにかかっています。**

練習の練習をしていませんか？

自分自身の目標に向かって、本番で最大限のパフォーマンスを出せるように、毎日の取組から気持ちを切り替えてみましょう。


【引用・参考文献】
・山崎直子『宇宙飛行士になる勉強法』（中央公論新社）

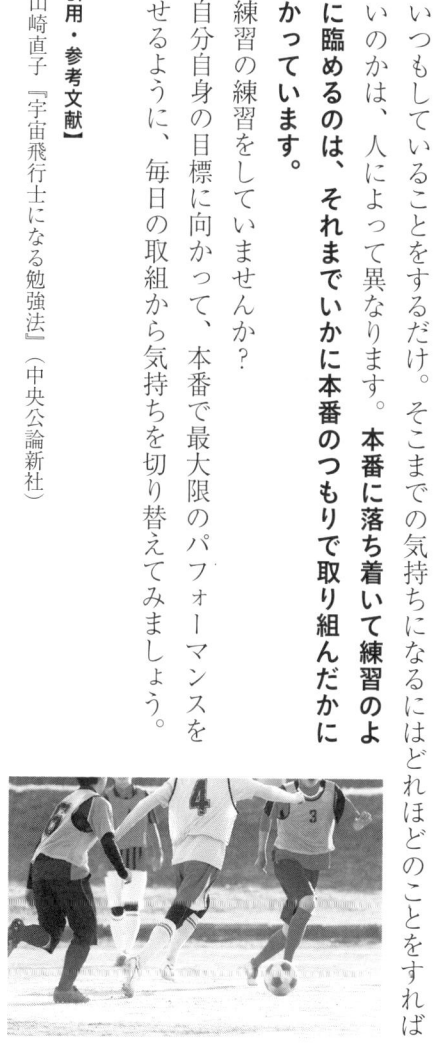

必要不可欠なユーモア

宇宙研究開発の分野とは、自然科学の叡智を結集させ、それを形にする組織だと思います。

小さなミスが命に関わる事故につながり、絶対に失敗の許されない環境での任務は、常に緊張感の張り詰めた状況だと容易に想像できます。

ＪＡＸＡは２００３年に小惑星探査機「はやぶさ」を打ち上げ、世界ではじめて小惑星イトカワからサンプルリターンを成功させました。

このはやぶさプロジェクトに関わった科学者らは、一大ミッションの期待や責務を背負いながらもユーモアを忘れませんでした。

はやぶさのプロジェクトマネージャーである川口淳一郎は著書でこう語ります。

「スタッフはイトカワのことを『ラッコ』と呼んでいました。頭があり、胴体があり、ご丁寧にお腹のところには貝殻のようなものまである。これはどう見てもラッコだ」と。そしてイトカワの写真にラッコの落書きをして、ラッコの紙粘土細工のコンテストも開かれたそうです。高度な理論を用いたシミュレーションを行いながら、片隅にラッコの紙粘土が置かれていると思うと、なんだかほっこりしますね。

他にも、スタッフ一同でゲン担ぎの神社参拝などもしていたようです。

これらの行動が決してふざけているわけではないことは明白です。前人未到のプロジェクトの中にも、**集団のパフォーマンスを向上させるには必要不可欠であったユーモアの要素**だと考えられます。

部活動での大一番の公式戦や、大勢の前でのグループ発表の際など、高校生活でもみんなで緊張感をもつ場面はあります。そんなとき、全体の厳格な空気を和やかにするユーモアを意識してみてください。それは不真面目ではありません。ちょっとしたことで肩の力が抜けて、よりよいパフォーマンスが発揮できることにつながることでしょう。

【引用・参考文献】

・川口淳一郎『はやぶさ、そうまでして君は　生みの親がはじめて明かすプロジェクト秘話』（宝島社）

真の学びには理系も文系もない

学校で学ぶ授業の内容は、文部科学省が出している学習指導要領というものに細かく記載されています。ですから、それぞれに裁量はありますが、日本全国の学校で同じような質の教育が保たれています。

しかし、時にその教育内容は世間で議論を呼ぶことがあります。例えば、古文は社会に出ても使わないので教える必要がないのではないか、税や投資など経済についての勉強をする必要があるのではないか、といったことです。

皆さんも、一度くらいは「将来、別に英語を使うつもりがないから必要ない」なんて思ったことがあるもしれません。

日本トップレベルの進学校である灘中学校・高等学校で国語を教えていた橋本武は「すぐ役に立つものは、すぐ役立たなくなる」といい、「学ぶことは生きること」として教鞭をとってきました。その授業方法は中勘助の小説『銀の匙』を中学3年間かけて読むというスローリーディングでした。その真髄は「横道にそれる」ことです。小説に凧揚げが出てくると凧を揚げ、百人一首が出てくるとかるた会をしたそうです。

学ぶことと遊ぶことは同じであるといい、意味がなくてもおもしろければそれでいいとして、楽しみながら勉強することが大切であるといいます。

高校の授業で扱うべき内容は、然るべき方々に議論していただくとしましょう。

でも、皆さんがどの学びが将来役に立つかという選別をしながら学習する必要はありません。便宜上、教科に分かれていますが、国語の時間に凧揚げをするように、**真の学びには理系文系などの垣根もありません。**

身の回りにあるすべてのものに疑問をもち、おもしろく遊びながら学ぶ。そんな横道にそれることの積み重ねが、人生を豊かにする学ぶ力となります。

といっても、得手不得手もあるかもしれませんが、どんな教科においても横道にそれながら学ぶと、必ずおもしろい魅力が見つかると思います。

【引用・参考文献】

・橋本武『伝説の灘校教師が教える一生役立つ学ぶ力』（日本実業出版社）

「情報化社会」の実体

「これからは情報化社会の時代なので」という決まり文句を、だれもが今までに一度は聞いたことがあるのではないでしょうか。

そして、「情報化社会」到来を建前に、こんな職業が減る増える、こんな能力あんな能力が求められるなど、社会の変容に対応できる方法が示されることまでがセットになった話を聞いたことがあると思います。

ところで、今現在は「情報化社会」なのでしょうか。そもそも「情報化社会」というものはどのような社会を指すのか、具体的に調べたことがある人はいるでしょうか。

実は、「情報化社会」についての警鐘に近い記述は１９６０年代末からあります。

そのときからかれこれ60年近く「情報化社会」の時代が来続けています。どうしてこのようなことになるのでしょう。

佐藤俊樹によると、「情報化社会」の具体的な中身、つまり情報化が生み出すはずの新たな社会の仕組みは、その都度かなりアドホックにイメージされているといいます。具体的に情報技術の発達と論理的に結びついた何かが考えられているわけではないそうです。その意味で「情報化社会」には実体がなく、本当の中身は空っぽなのだといいます。そして、空っぽだからこそ、繰り返し繰り返し「情報技術が社会を変える！」といい続けることができてしまうのだと指摘します。

このように聞くと、小さいころからいわれ続けてきた「情報化社会」の不思議が腑に落ちないでしょうか。

では、どうして今まで「情報化社会」を疑わず、具体的に自ら調べることをしなかったのでしょう。もしかしたら、未知なる「情報化社会」に対して不安や恐れを感じている人もいたかもしれません。これは**自ら行動して調べることの大切さ**を示唆しています。

情報化社会以外にも、よくある通説や俗説のようなものを自ら調べることなく、信じ込んでいませんか？　まずは自分で調べて直接的な理解につなげてみましょう。

【引用・参考文献】

・佐藤俊樹『ノイマンの夢・近代の欲望』（講談社）

October 10

発表の機会を有意義なものにしてほしい場面で

意見は「つくる」もの

だれかの発表を聞いたり、また、人前で発表をする機会は今までにもあったと思います。今後、大学などへ進学する場合も、就職する場合も、あらゆる場面で発表するということはあります。

そのとき、発表後によく質疑応答の時間が設けられたりしますね。皆さんはその際、何か質問してみたり、意見をぶつけてみたりしたことはありますか？

高校生同士で発表のある多くの場面で、だれも質問者がいなくてそのまま終了するパターンがほとんどだと感じます。もしかしたら、発表者自身も、質問が何もないことを祈っているかもしれません。しかし、これがまったく建設的でないことは明白です。

東京大学名誉教授の船曳建夫は、だれかの発表が終わったときに問うべきなのは「何か意見はありますか？」ではなく、「どんな意見をつくりましたか？」であるといいます。

October 10

意見はつくるものであり、自然に湧いてくるわけではないので、「何か発言してやろう」と意識することが必要だと指摘します。なるほどと納得し「自分は特に意見はないな」となることも、わからなくて「よくわからないから意見などないな」となってしまう発表のことを、実に寂しいといいます。

船曳のいう寂しい発表会を繰り返していませんか？　自分の番が終われば、特に意識のない聴衆になっていませんか？

人の発表を聞くとき、どんな人、どんな内容であったとしても、意図的に何か意見をつくるようにしましょう。船曳が指摘するように、ただ聞いているだけで、意見が湧いてくるはずがありません。

あらゆる質問や意見が飛び交う発表会になれば、自然と発表者もしっかり準備を行うようになります。表層的な発表を済ますことは、有意義だとはいえません。**発表というスキルの向上のために、聴衆も疑問点や意見をつくる意識が必要**です。それが、大きな学びにつながることでしょう。

【引用・参考文献】

・小林康夫・船曳建夫『知の技法　東京大学教養学部「基礎演習」テキスト』（東京大学出版会）

October 10

October 10

手書きのメッセージを贈ることのよさを伝えたい場面で

手紙を書くということ

皆さんは、だれかに手紙を書いたことがありますか？　今はなんでもスマホからのメッセージになってしまい、直筆の手紙を書く機会は滅多にないかもしれません。年賀状は出したりしていますか？　今はそれも印刷したもので手書きのメッセージを添えることはない場合が多いです。もしかしたら、葉書の書き方、出し方すらわからない人もいるかもしれませんね。ラブレターはどうでしょうか。愛する人に対して、気持ちをのせて渡す手紙は他人に見られなどすると赤面してしまうかもしれませんが、当事者だけがわかり合うことのできるロマンティックな営みです。成就するかはさておき、誠実にラブレターを書くことは、決してはずかしいことではありません。

第二次世界大戦末期の硫黄島の戦いの総指揮官であった栗林忠道は、赴任してから幾度となく家族に手紙を書いています。時には絵も挿入し、戦地から家族を想う愛情に満ちた人柄が滲んだ手紙になっています。軍人らしいことはほとんど書かれておらず、家の補修について、家族を夢で見たこと、硫黄島での生活などを時に明るく綴っています。当然、栗林自身も、もう家族に会えないことは察しています。そんな中、どのような気持ちでどのような想いで、筆を執っていたのでしょう。本土にいる家族、国民を守るために、栗林は勝算のない中少しでも長く戦おうとしました。

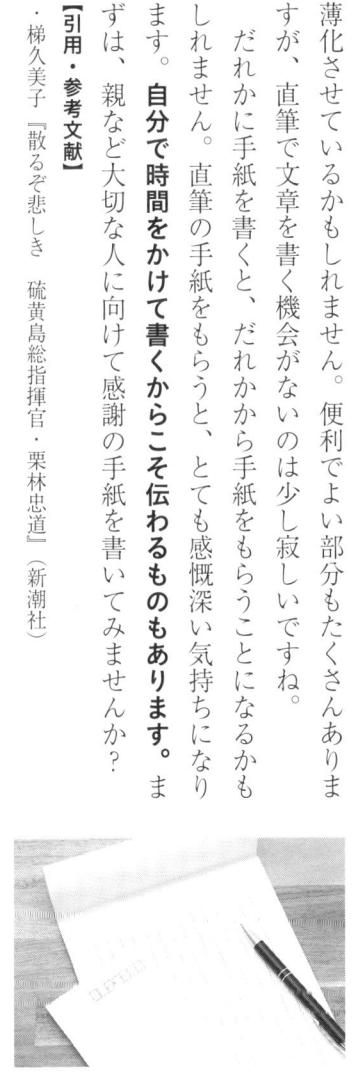

今はスマホでメッセージが既読になったかすぐにわかり、レスポンスの手軽さも手紙の比ではありません。しかし、それが手紙を書く機会を喪失させ、相手を慮る気持ちをも希薄化させているかもしれません。便利でよい部分もたくさんありますが、直筆で文章を書く機会がないのは少し寂しいですね。

だれかに手紙を書くと、だれかから手紙をもらうことになるかもしれません。直筆の手紙をもらうと、とても感慨深い気持ちになります。**自分で時間をかけて書くからこそ伝わるものもあります。**まずは、親など大切な人に向けて感謝の手紙を書いてみませんか？

【引用・参考文献】

・梯久美子『散るぞ悲しき　硫黄島総指揮官・栗林忠道』（新潮社）

より一層よいものにする努力をしてほしい場面で

October 10

ありとあらゆることをやってみる

高校生活の中では、文化祭等の行事から授業中の発表まで、大小様々な場面で自主的に何かを企画、運営、発表する機会がたくさんあります。

そのような活動は、学業成績に留まらず、多方面で皆さん自身を大きく成長させてくれます。もしかしたら、少しめんどくさく感じる人もいるかもしれませんが、貴重な機会だと思って積極的に取り組んでほしいと思います。

「ポケモンを魅力的な商品にするために、ありとあらゆることをやってきた」

株式会社ポケモンの社長である石原恒和は、1回のポケモンブームで終わらせないように、様々なことを試行錯誤し、実践してきたといいます。他者とポケモンを交換できるようにしたり対戦できるようにしたりして、広がりの触手をもたせました。そしてポケモンのイラストをドット絵にして、遊ぶ側の想像力で補完させることにこだわりました。

このように、何かを実行するとき、ありとあらゆることを考えやってみることを皆さんにもおすすめします。

ただただやり過ごしてしまうのではなく、ひと手間もふた手間もかけて、それが1回限りの活動に収まってしまわないようにやるだけやってみることは、皆さんの可能性を大きく引き出すことにつながります。

友人と協力し合い、アイデアや方法を検討するのも有意義でしょう。少しでも受け手の印象に残るよう、今までと同じことをするのではなく、ありとあらゆることを時間の許す限りやってみることで、パフォーマンスは何倍もよいものに仕上がるはずです。

もっと何かできないか。それを考えながら、失敗も重ねながら繰り返していくことは、何も考えずその場しのぎの発表を繰り返すこととは雲泥の差が生まれます。

決して簡単なことではないかもしれません。ありとあらゆることが、そんなに単純に出てこないかもしれません。しかし、**向き合わないと当然成長もありません。**

少しずつでも、意識的に取り組めたらいいですね。


【引用・参考文献】

・村上龍『カンブリア宮殿　村上龍×経済人　社長の金言』（日経ＢＰマーケティング）

絵画の楽しみ方

数ある日本画の中でも、他の作品とは質の異なる感覚を素人でも感じ取ることができる。そんな画家がいます。伊藤若冲です。伊藤若冲は、画家を志望した当初、狩野派の門を叩いて教えを受けました。しかし、しょせん狩野派の枠を超えることができないと感じ、自分で直接「もの」に当たって描くに越したことはないと考え、何よりも身近なニワトリを数十羽買って、その形状を写し続けました。「今のいわゆる画は、どれも画を描いたもので、ものを描いたものを見たことがない」と、麒麟や龍のような空想上の動物を描くよりも「もの」からの直接の描写に作画の意義を見いだしていたそうです。

このように、過去の話をまるで後日談のように聞けば、「なるほど」とひと言で終わってしまいますが、当時の背景に想いを巡らせると、これがいかに突飛な発想であったかを少しでも感じ取ることができます。

しかし、絵画の評価とは実に難しいもので、晩年に評価される者や死後に評価される者もいます。

皆さんは絵を観ることはありますか？　特別興味関心がなければ、美術館に足を運ぶこともないかもしれません。絵画とひと言でいっても、そのジャンルはたくさんあり、なかなかどのように絵を観ればよいのかわからないかもしれません。そんなとき、先ほどの若冲のように、**1人の画家の生涯を知るのも1つの絵の見方**です。どのような意図で、どのようなことを考えながら描いたのか、そして本人の目には何がどのように見えたのか。こう想像していくだけでも楽しみは広がります。近年では、街の壁に描かれるバンクシーも話題になりますが、日本画では何に描かれているかもまた違い、かけ軸や屏風、寺院の天井まで、その文化的差異も知れば知るほど深みがあります。

ちなみに、伊藤若冲がその奇抜な発想から描いた身近な動植物は、実に繊細で現代でも人気が高く、見る者を魅了します。一度、近くの美術館にはどんな絵があるか調べてみてください。そこから関心が高まればいいですね。

【引用・参考文献】

・辻惟雄『奇想の系譜』（筑摩書房）

October 10

世の中には論理で説明できないこともあると伝えたい場面で

論理的に説明できないこと

大人になるにつれ、論理的に物事を考えるようにいわれることが増えます。感情に先走った発言はよいように思われません。

ですが、世の中には論理的に説明できないことがたくさんあります。

藤原正彦は、野に咲くスミレが美しいということは論理では説明できないといいます。モーツアルトの曲が美しいということも論理では説明できませんが、それは現実に美しいこと。「卑怯はいけない」などの重要なことの多くも論理では説明できず、本当に重要なことは、親や先生が幼いうちから押しつけないといけないといいます。説明など不要であり、頭ごなしに押しつけることで、子どもは反発したり後になって別の新しい価値観を見いだすかも知れないけれど、それはそれでよく、はじめに何かの基準を与える必要があるといいます。

振り返ると、小さいころに「ダメなものはダメ」というふうに怒られたことがあるかもしれません。もしかしたら、そのときは納得できなかったかもしれません。しかし、高校生になって、当時よりもいろんなことを考える力がついて、それは確かにダメだなと改めて思ったりしませんか？　理屈抜きの「ダメなものはダメ」が、的を射ていたということでしょう。

また改めて考えると、藤原のいう通り、美しいと思える感性も、価値の押しつけから始まっていると思えます。「押しつけ」というと抵抗を覚えますが、「基準」と思うと、それがだれにとっても第一歩になるといえます。

高校生になると、いろんなことが自分で考えられるようになります。**今まで何となく身についていた価値観をいま一度見直してみることも大切**かもしれません。特に、友だちなど他者と関わることで、様々な価値観があることを知るでしょう。

大人になれば絵の美しさを論理的に説明できるようになるわけではありません。いくつになっても、論理では説明できないことが存在するのは確かなのです。

【引用・参考文献】

・藤原正彦『国家の品格』（新潮社）

October 10

昔ながらの生活に思いを巡らせてほしい場面で

October 10

便利で豊かな生活の前にあったもの

人は往々にして、得たものよりも失ったものに無自覚であり、気づきにくいものです。その最たる例が、近代の科学技術発展による機械化、自動化なのかもしれません。皆さんの生きる時代は、加速度的に目まぐるしく新たな技術が生まれ普及してきました。もはや当然のように様々な機器が生活に入り込んでおり、皆さんの両親、さらに祖父母の世代の生活を想像することさえ困難かもしれません。

松下竜一は、零細家業である豆腐屋を営みながら、豆腐製造における機械化にできる限り抗っていました。豆腐を固める重石を約20年間積み重ねていたものの、腰痛から水切り機の導入に至りましたが、「機械が据わり労働の過程が楽になればなるほど、私は何かを失いつつある気がしてならない」と述べます。機械の発展は商売としてやむを得ないことを認めながらも、機械が効率を追求する合理主義になることで、ムダを厭うことを心配しています。そして、松下はムダを承知しながら、労働の重味を真に身体ごと知ることができ、精神を強くしたといいます。

経済的な発展も伴って、様々なことが効率化されていき、今やそれを否定することも手放すこともできません。個人の意思とは無関係に、受容し適応することしか選択できない日進月歩の科学技術は、生活を便利に豊かにするすばらしいものです。

しかし、まだほんの半世紀ほど前の素朴な生活を知識として知り、ひとときでも当時に想いを巡らすだけで、人々が失った何かに気づくことができるかもしれません。**それは決して今の時代には不必要と切り捨てられるものではないはず**です。そこには何かしらの知恵があり、温故知新へとつながります。松下のいうムダで非効率なことのどこかに、人間の本質が眠っているのかもしれません。

そんなふうに失われるものがあることを悟りながら、最新技術を使いこなせるようになりたいですね。

【引用・参考文献】

・松下竜一『豆腐屋の四季　ある青春の記録』（講談社）

October 10

October 10

真面目だけでなく少し違った考えに触れさせたい場面で

うそか知恵か

皆さん、今までにうそをついたことがありますか？

正直、ないという人はいないはずです。ですが、基本的にうそはいけないことと教わっているると思います。「基本的に」というのは、人生においては必ずしもうそがいけないことばかりではない場面も実際にあるからです。それは高校生にもなるとわかってくるかもしれませんね。うそにも、悪意のあるうそ、切ないうそなどいろいろあるもので、簡単にすべてのうそがいけないと断じることはできません。

大手家具メーカーの創業者である似鳥昭雄は、最初の一店舗をオープンしたとき、その看板を「似鳥家具卸センター北支店」としたそうです。「卸」とつけることで安いイメージを、「センター」とつけることで大きいイメージを与えたかったのだそうです。そして、「北支店」とすることで他に本店があるように思わせ、小さいお店であるのは支店だからと誤魔化していたといいます。「本店はどこか？」と聞かれたら、「車で1時間くらいのところ」といい、北支店での購入を勧めたそうです。イメージ優先の偽りの看板だったということです。

さて、皆さんはこのエピソードを聞いて、うそつきだと思いますか？　うそといえばうそかもしれません。また、良し悪しでいうと騙しているようですが、だれかを傷つけているわけではありません。

今やニトリは、全国展開され、だれもが知る大企業となっています。これも1つの成功エピソードであるのは事実です。

皆さんにうそをついて成功を目指せといっているわけではありません。悪意のあるうそはよくありません。しかし、**真面目一徹ですべてに正面から突き進むことが、必ずしも成功への道となるわけではありません。**「ずる賢さ」というのが1つのエッセンスになる場合もあります。それを知恵や工夫と呼ぶのかもしれませんね。

【引用・参考文献】

・似鳥昭雄『運は創るもの』（日経BPマーケティング）

October 10

生活環境が人間形成に大きな影響を及ぼすことを伝えたい場面で

October 10

身の回りの生活環境を見直す

人が生まれ育っていく中で、環境というのは非常に大きな影響力をもちます。どんな環境がよいとか悪いとかいうことではありません。ですが、身近にあるものから意識的にも無意識的にも何かを得ているのです。

皆さんは幼いころ、よく外で遊びましたか？　たくさん虫を獲ったり、花を摘んだりしたでしょうか。それとも、家の中で大半を過ごしたでしょうか。

深谷昌志は、子どもが風の子であった時代は、家の中も外も大した環境条件の差はなかったといいます。家の中にもおもちゃや本もろくになく、子どもの居場所はなかったそうです。だからこそ子どもたちは、同じ厳しい環境条件ならむしろ広々とした同じ仲間の待つ世界へ、寒風をものともせずに出かけたのだろうと指摘します。しかし、今はどこの家も快適で、テレビという友が子どもたちを待っており、自然などという厳しいものに好ましさを感じることはないといいます。

この話を聞くと、現代では家の中が最も安楽であり、わざわざ夏は暑く冬は寒い屋外で遊ぶことよりも、快適な空調のある場所でゲームに興じることが自然な選択のような気がしてきます。子どもは無意識的にそう判断していると思います。

いかに環境の影響が大きいかということがわかりますね。では、今の皆さんの生活環境はどうでしょうか。良し悪しの話をしているわけではありません。ですが、今一度学校や家での生活を見直してみるのはどうでしょう。**自分自身が知らないうちに当たり前になっているものは、本当に当たり前でしょうか。**

あるべきものがなかったり、いらぬものがあったりと、そんなことが無意識のうちに皆さん一人ひとりの生活に影響を与えているかもしれません。個人ではどうしようもない環境要因もあるでしょうが、新しいライフスタイルを確立させることで、また違った自分自身に出会えるかもしれませんね。

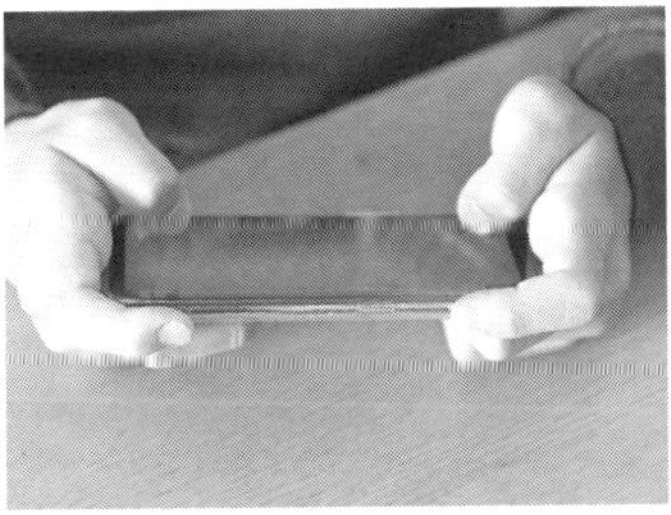

【引用・参考文献】

・深谷昌志・深谷和子『遊びと勉強』(中央公論新社)

November 11

生徒がまわりの意見に振り回され自分を見失いがちな場面で

まずは自分で考え、やってみる

親、先生、先輩など、あらゆる年配の大人から様々な人生のアドバイスを受けることは、今までに何度もあったと思います。

そんなとき、皆さんはどうしてきましたか?

素直に、いわれたことを信じて助言に従ってきたこともあると思います。

また、場合によっては、いわれたことが自分の中に入ってこず、特別理由もなく反発心が生まれることもあったのではないでしょうか。もしかしたら、これからもそういうときはあるかもしれません。

このようなことはだれしもが経験し、迷い、葛藤するものです。

ジョン・ポール・スタップという人は、第二次世界大戦中、アメリカ空軍の航空医官として勤務していました。終戦後はパイロットの命を守るためになすべきことが多いと感じ、自分の体を使って多くの実験を行いました。特に、人体はどれほどのG（重力）に耐えることができるのかを調べるために、時速1017キロの装置に乗り、一時失明しかけながらも実験を行ったことは有名です。この「地上最速の男」と呼ばれた男の功績が、現在の脱出パラシュートや自動車のエアバックやシートベルトにつながっています。

スタップの例は少し極端ですが、まずは自分で考えて、自分でやってみるというのはどうでしょう。

まわりの大人は当然皆さんを想って助言してくれています。しかし、**自分でやってみないとわからないというのもまた真理**です。もちろん、スタップも無謀に実験していたわけではありません。安全面や理論的にも周到な準備を整えたうえで実践しています。

皆さんの判断も、しっかりとした考えと覚悟をもっていれば、まわりの大人たちも納得してくれるはずです。

まずは自分でやってみる。それが大きな意味をもつかもしれませんね。

【引用・参考文献】

・レスリー・デンディ、メル・ボーリング『自分の体で実験したい　命がけの科学者列伝』（紀伊國屋書店）

喪失による精神の成熟

今までの人生で、身近な人を亡くした経験をもつ人も少なくないと思います。

例えばそれが小学生くらいだと、いまひとつ人の死について理解できておらず、よくわからなかったかもしれません。中学生、高校生くらいになると、はっきりと人の死を体感し、これまでにないほど悲しい想いをしたことと思います。

今、そのような経験がなくても、だれにもこの先訪れることです。

片田珠美は、愛する人を失い、嘆き悲しみ、落ち込むような「喪失体験」を、家族、縁者、友人などで共有し、死者に最後のお別れをしながら対象喪失を受け入れていくのが、いわゆる「喪の作業」であるといいます。

そして、この経験が人の精神を成熟させるのに必要不可欠だといいます。

人の心理学的な発達とは、人の表情を読み取れるようになるなどの「獲得」することだけでなく、愛するだれかを失うという「喪失」による発達もあるのです。

この喪失の痛みと、誠実に向き合ってください。目を背けたり、逃げたりしないでください。人の死に順番があるとすれば、皆さんのおじいさんやおばあさんが老衰していく姿を見ることができます。できるならば、その様子をしっかりと見守ってください。

これは簡単なことではありません。もしかすると、大きな精神的ショックを受けるかもしれません。無理する必要はありませんが、そのような機会に恵まれたことを幸福だと思い、最後まで愛情を注いでください。

もしかしたら、今もだれかの死に立ち直れていない人もいるかもしれません。それは、焦らずゆっくりと時間をかけて大丈夫です。

とてもつらい喪失体験を乗り越えていくことで、人はより一層の深みをもった優しさを覚えることになります。慈悲深い精神を養い、温かい愛情でまわりを包めるようになります。それが精神の成熟なのだといえるようになります。

【引用・参考文献】
・片田珠美『一億総ガキ社会「成熟拒否」という病』（光文社）

自分のことは自分でする

皆さんの生活は今、自立していると思いますか？

高校生として、どうしても経済的な面で家族の支えが必要なのは仕方がないことです。ですが、自分の生活に必要なことの中には、保護者にやってもらわなくても、自分でできることが多くあります。例えば、家事で考えても、お弁当づくりや洗い物、洗濯は自分でできます。「お手伝い」ではなく、「自分のことは自分でする」という意識でもってみてください。

建築家の安藤忠雄は、２００８年の東京大学の入学式で祝辞を述べる前に、２階の保護者席に向かって、「会場から出て行ってください」といったそうです。「自立した個人というものをつくるスタートの日なのです。そんな重要な日に、親がそばにいては邪魔になります」と続けて宣言し、会場が静まり返ったとのことです。この主旨は、祝辞後半で語られる、個人の自立なくして「独創力」や常識を疑う力はなかなか生まれないという主張につながります。安藤は、個人として自立することで培われる、「独創力」の意義と「人間力」の重要性を訴えたかったようです。

安藤のいうように、**人間、満たされている生活の中ではなかなか独創力や人間力は身につかないもの**です。皮肉なことに、窮することによってはじめて気づくものがあります。勉学がいくらできても、食事や洗濯など生活する力が備わっていない人もいます。あらゆることが不自由なく満たされていると、オリジナルな発想や独創性に乏しくなります。それを、安藤は親からの完全な自立という表現で伝えたかったのだと思います。

高校生の皆さんに、自ら貧することを実践しろとはいいません。ですが、少なからず身の回りのことを自分でしてみるのはどうでしょうか。単純にご飯をつくることや洗濯をすることの大変さを知るだけでも意味はあります。いざ自分で何もかもをやろうとすると、足りないものを別のもので補うような働きをするかもしれません。そういったことが、安藤のいう独創力と人間力につながることでしょう。

【引用・参考文献】

・石井洋二郎『東京大学の式辞　歴代総長の贈る言葉』（新潮社）

コミュニケーションの本質に気づかせたい場面で

November 11

コミュニケーションが楽しい理由

「もういい、君のいいたいことはわかった」

そういわれたら、どのように感じますか？　もしかしたら、今までに友人や先生、親などに同じことをいわれたことがあるかもしれません。そのとき、どう感じましたか？

このセリフには、「わかった」といってコミュニケーションを閉ざそうとする趣きがあります。そして、いわれた方は「わかってもらえていない」ような感覚になりませんか？

ここに、コミュニケーションの難しさ、奥深さがあります。

そもそも、お互いに相手のことをわかりきっている場合、コミュニケーションは取る必要のないものなのでしょうか。わからない相手のことを知るために、または私のことをわかってもらうためにコミュニケーションはあるのでしょうか。

例えば、とても仲のいい友人に対して、些細なことで苛立ったりすることもあると思います。どうしてイライラするのでしょうか。もし、その友人のことをわかりきっているならば、友人の言動についてこちらが感情を荒立てることもないはずです。

でも、そうはなりませんよね。人ひとりのことをすべてわかりきることは到底できません。だから、友人の言動に腹が立つときもあるのです。

奥村隆は「未知の部分がつねにある『わからない』コミュニケーションこそが、楽しいのではないだろうか」と、コミュニケーションについて社会学的知見から考察を試みています。それは、相手が「わからない」からこそ「わかろう」と思ってコミュニケーションが続いていくのであり、全部わかってしまったら、ドキドキした感じはなくなってしまうかもしれないと指摘します。

普段、友人らと接していて、そのやりとり（コミュニケーション）についていちいち考えを巡らせている人はいないと思います。でも、もし友人関係にトラブルが起こったり、些細なことですれ違いがあったときには、冷静に立ち止まって考えてみてください。

「わからない」からコミュニケーションは楽しいということを。

【引用・参考文献】
・奥村隆『反コミュニケーション』（弘文堂）

November 11

何でも手軽な検索で済ませることに警鐘を鳴らしたい場面で

November 11

国語辞典を愉しむ

皆さんの多くは、スマホやタブレット等の端末を持っていると思います。すると、例えば言葉を調べるときにもそれで事足りますね。ただ、ほんの少し前では、電子辞書を高校生はよく購入していました。さらにその前は紙の辞書でした。

持ち運ぶものが徐々に軽くなっていき、さらにその利便性も向上しており、学ぶためにとてもよい環境が整えられていると思います。

しかしここで、学ぶということについて改めて考えてみます。1つの言葉を調べるとき、タブレット等で調べて最初に出てきた意味を無意識に利用しているのではないでしょうか。

サンキュータツオは国語辞典について熱弁しています。どの国語辞典にも、冒頭部分に「はじめに」や編集方針が載っており、そこで「この辞書はこういう意図で編んでみました」という指針があるといいます。この序文を読み比べるだけでかなり楽しめるそうです。

どんな辞書にも、執筆者や編者がいて、その人たちの「想い」というものが存在しているといい、執筆者たちはその個々の感情を押し殺してあくまで冷静に記述しようと心がけているといいます。しかし、記述の端々に垣間見えるぬくもりや個性が、愛らしい書籍だそうです。

言葉の意味を調べたとき、そもそもそれはだれが書いたのか。調べないとわからないのだから、人によって言葉の解釈が異なることは当たり前にあるし、歴史的に意味合いも変化してきた可能性があります。そこまで踏み込んで精査することが、本当の実りある学びとなるのではないでしょうか。

テクノロジーにより学ぶ者の利便性が向上されていくことは歓迎されるべきです。ただ、簡単に知識が手に入るだけでは、高校生にとって真の学びにつながっていません。必要があればいつでも紙の辞書に手を伸ばすように、1つ深いところまで学ぶことを忘れないでタブレットなどを活用してほしいと思います。

【引用・参考文献】

・サンキュータツオ『学校では教えてくれない！国語辞典の遊び方』（KADOKAWA）

November 11

勇気をもって行動してほしいと伝えたい場面で

「社会力」を身につける

電車に乗っていて、お年寄りや体の不自由な人に座席を譲ったことがありますか？気づいても、実際に行動に移すのは勇気がいることです。心の中では譲ってあげたいと思っていても、そのままタイミングを逃してしまうこともあります。

そういうことに気づいていても、自らの判断で手を差し伸べない人はいますか？　例えば、あの人はお年寄りだけど見た目は丈夫そうだから別に席は譲らなくていいだろう、もしくは俺だって疲れていて眠たいんだ、といったことです。さらに、まったくそういった人に出会ったことがない、気がついたことがない人はいますか？

門脇厚司は、社会性とは、要するに社会の中でうまくやっていく術に長けているということだといいます。口実を考え、親からお金をせびることやあれこれいいくるめて自分の非を他人の非にすること、人との関わりを避け自分の殻にこもって生きることも、すべて現代社会に適応する新しいかたちなのではないかと指摘します。そして、今の子どもや若者に欠けているのは社会性ではなくて、「社会力」といったものではないかと問いかけます。それは社会に適応する力ではなく、社会をつくり変革していく力だというのです。そして、それは大人も相当に欠けているものであるといいます。

電車でお年寄りを発見した時点で、席を譲るかどうかは別として、社会性はあるということでしょう。譲らなくても、寝たふりをして電車内の空間に適応しようとしています。一方、そういった人にまったく気がつかない人は社会性に乏しいといえるかもしれません。しかし、門脇が主張するように、社会性の有無ではなく、実際に必要なものは大人も子どもも社会をつくり変革していく社会力だと思います。**まわりを見渡すことができても、それに馴染み適応するのではなく、問題ある部分を変えていける力**。これは実際に座席を譲ることに近いかもしれません。となれば、社会力を発揮するにはやはり多少勇気がいります。しかし、そんな一歩の積み重ねが社会全体を変えていく力になります。一歩を踏み出しましょう。

【引用・参考文献】

・門脇厚司『子どもの社会力』（岩波書店）

自分自身を見つめ直し、成長につなげさせたい場面で

November 11

「自己検証」で自分を高める

今、皆さんが自分自身を総合的に評価するとしたら、どのように評価しますか？ よくがんばっていますか？ 順調に思い通りの人生を歩めていますか？ または、否定的な感覚になりますか？ 今のままではダメで、情けない自分に腹が立ったりしますか？

今の自分に素直に満足できる自己肯定感は非常に大切です。一方、自己否定も大切な感情です。**どちらも過度にならないことがポイント**です。

見城徹は「自分は今ダメになっている」と自覚することは1つの才能だといいます。それは、働いてから齢を重ね、社会的地位を得れば、人間はだれしも慢心するからだといいます。「自分はダメになってしまった」と自覚し、自己評価をあえて下げ、人はそこから成長することができると説きます。そして、「自己検証、自己嫌悪、自己否定がないとこ

ろに進歩はない」と述べます。

見城は、社会人になってからのことを述べていますが、高校生にとっても同じことがいえると思います。

ここでのポイントは「自己検証」です。

最初に投げかけた問いを自身に投げかけ、ときどき自分を振り返り、見つめ検証してみることが大切です。**自分が満足な生活をしているということは、もしかしたら、何もチャレンジしていないからということもあります。**あえて自分を否定し、今のままではダメだと自己を奮い立たせることは、高校生にも社会人にも必要なこととなります。

自己検証は、冷静かつ客観的に分析できるかが大切です。元来、性格的にポジティブな人もいれば、ネガティブな人もいます。がんばっているのに結果が伴わないときが続けば自己嫌悪に陥りますが、必要以上に落ち込み、精神が病んでしまってはいけません。そして、部分的によくないところを人格すべてがダメだと考えてはいけません。

落ち着いた眼差しによって自分を高めることができたらいいですね。

【引用・参考文献】

・見城徹『たった一人の熱狂』(幻冬舎)

November 11

現実と向き合い、社会に目を向ける

人は生まれながらにして皆平等でしょうか。

こういった問いに、高校生ともなれば否定的な意見をもち始めるかもしれません。そして、いろんな家庭や環境を知り、自分自身がどのような現状にあるのかも冷静に知る時期なのかもしれません。

社会学者の松岡亮二は、日本は生まれ育った家庭と地域によって何者にでもなれる可能性が制限されている「緩やかな身分社会」だと指摘します。にもかかわらず、この大きな問題を、社会に生きる全員が考えるには、毎日が忙し過ぎるといいます。それでも、特別目の前で人が倒れるわけではないので、問題は先送りにされ、格差は自動的に繰り返されてしまうと示唆します。松岡は「改善のための冷静な現状把握」を伝えたい一心で研究活動を行い、「現実」と向き合うことを要求しています。

例えば、自分自身は裕福であったとか貧しかったとか、お父さんがいなかったとか両親共働きで家ではずっと独りだったとか、このようなことは身の回りの関係性の中で相対的に知ることになります。家庭は閉ざされた空間でもあるので、主に学校の友人らと見比べて知ったりすることが多いと思いますが、それも特に意識していないと気づかないかもしれません。

これらは皆さん一人ひとり、つまり個人とは関係のない要因です。仕方のないことと言えますが、時にそれで図にのったり、落ち込んだり、卑屈になったりする人もいます。そして、自分さえよければいいという精神につながりがちです。

人それぞれに個別の事情はあります。**いかなる事情であっても、高校生という年代はそれを受け入れていく心が備わりつつある時期**です。そして、僻むことなく自己を肯定し、他者を思いやる気持ちを育む時期でもあります。さらに、社会全体について考えを巡らすようになれればすばらしいです。

無理のない範囲で、心もたくましく成長できたらいいですね。

【引用・参考文献】

・松岡亮二『教育格差　階層・地域・学歴』(筑摩書房)

社会は未完成であり皆の努力が必要だと伝えたい場面で

世の中は何も定まっていない

November 11

年齢を重ねると、世の中には同じ考えの人ばかりではないことに気がつくと思います。そんな中で、みんながよいと思える社会をつくっていくのは本当に大変なことです。

社会学者の橋爪大三郎は、「同じようなものは同じように、異なるものは異なるように扱う」ことが、正義の原則として最も納得できるものだといいます。

私も皆さんも、同じ人間です。同じ人間ならば、公平・平等に扱うべきです。一方で、大人と子どもは違うから、異なるものとして扱うべきです。

この原則の難しいところは、このように、だれとだれがどういう場合に同じで、だれとだれがどういう場合に異なるかということを、どうやって決めればよいのかがわからない点だといいます。そして、実際にはケースバイケースで、個別に具体的に判断していくしかないといいます。

いったい何がいいたいのかわからなくなりますね。

正義の原則といいつつも、ケースバイケースならば、結局何も定まっていないように感じますね。

そうです、**何も定まっていない**のです。

世の中はまだまだ、正義の在り方も、正しい社会も、何も定まっていません。では、どうするのかというと、今もなお試行錯誤をしながら、すべての人々が努力していくしかありません。

実は、**これから先も永遠にそうあり続けなければなりません。**

皆さんだけでなく大人も、このことを勘違いしがちです。今の社会は完成形であり、正義は1つだと思われたりします。しかし、決してそんなことはありません。

ただ、よい社会をつくっていくための努力はなかなか大変ですから、決まったものを与えられた方が楽な気持ちもわかります。ですが、まだまだ未完成の世の中を、よりよくするために皆さんも努力してみませんか?

【引用・参考文献】

・橋爪大三郎『面白くて眠れなくなる社会学』(PHP研究所)

November 11

生の声を楽しむ

小学校入学前の子どもたちと触れ合うと、文字が読めるわけではないのに、お遊戯で楽しんだ歌などをいとも簡単に覚えていることに気がつきます。先生の話も、聞くことでしか伝えることができないので、しっかり聞いて頭に残そうとしています。

一方、学校で読み書きを習うと、先生からの直接の話はついウトウト眠ってしまい、後で友人にノートを見せてもらったり…、なんてことは皆さんはしていませんよね？

私たちは、文字を使わない世界観を想像することすら難しいほど、読み書きが当たり前のことになっています。しかし、文字を知らない子どもたちからわかるように、知らないからこそ真剣に話を聞き、それでしか記憶することができないからこそ、よく覚えていたりすることが経験的にわかります。

ウォルター・J・オングは文字をもたない民族を研究しました。そして自然な口頭での話とは対照的に、書くことは完全に人工物だといいます。「自然に」書けるようになることはだれにもできないからです。話し言葉は常に全体的な状況の影響を受けており、それは言葉で表されるもの以上のものを含んでいる一方、テクストでは言葉は言葉以外のものから孤立しているというのです。現存する本のほとんどは、もはや死んだ人間が書いているのに対して、話される言葉は、生きた人間からしかやって来ないともいいます。

今さら文字を捨てて、声だけの文化を目指そうというわけではありません。しかし、**生の声の価値を改めて見直してほしいなと思います。**例えば、歌などはわかりやすいですが、電子機器から再生される音楽とライブで直接聞く音楽は違っています。作家の本を読むだけでなく、作家の講演会などのチャンスがあれば、聞きに行くのもよいです。遠くのおじいさんおばあさんとも、手紙やラインだけでなく、直接昔話を聞いたりできるとよいですね。もちろん、授業中の先生の話も。

最近は、テレビ電話などで顔が見られたりもするようになりましたが、直接会うに越したことはありません。いろんなところへ足を運んで生の声を楽しみましょう。

【引用・参考文献】

・ウォルター・J・オング『声の文化と文字の文化』（藤原書店）

November 11

１人の時間を特別なものに

高校生になると、他者を理解することを求められます。同様に、自分自身もより自由に自主的に生活することができるはずです。

小学校のころには、「みんな仲良く」や「友だち１００人」というような同調性を求められたかもしれませんが、高校生活では必ずしも同じようにしなくても大丈夫です。

休み時間、１人で過ごしたいときがあれば、気にせず１人になっても構いません。まわりもそれを尊重できるようになることが求められます。

もし、今現在クラスや部活などの友人関係で、不本意に１人になるようなことがあったとしても、気にすることはありません。それはだれもがなるかもしれませんし、だからといってまわりから何かいわれることはないのです。

ここで、もし孤独な時間ができた場合、それは大きく可能性を拡げるチャンスだということをお伝えしたいと思います。

町田康はパンクロック界でカリスマとしてデビューしましたが、バンド活動で生活していくことに疲れ、突如、世間から身を隠し、引きこもります。そして、暇をもてあました町田康は、図書館に入り浸り、片っ端から本を読み続けました。そして、時代劇の再放送を見まくったといいます。文学と時代劇に孤独な時間を注ぎ込んだ数年後、小説家としてデビューし、やがて芥川賞作家となります。

皆さんは、ここまで時間をもてあますことはないかもしれませんが、何かと向き合うことで、1人の時間を特別で貴重なものにすることはできます。

それはひょっとすると、何か大きな可能性の引き金になるかもしれません。

自らの判断で1人の時間を創出するのもよし、**たまたま何かの巡り合せで1人になる時間ができたならば、それはそれでその時間を有効に使わない手はありません。**

むしろ、1人だからこそ集中して取り組めることが、案外多いことに気がつくかもしれませんね。

【引用・参考文献】

・山田玲司『非属の才能』（光文社）

December 12

サブカルチャーから学びへとつなげたい場面で

消費者からオタクに

December 12

日本は、文学、音楽、絵画などのメインカルチャーとしての文化よりも、漫画やアニメ、ゲームなどのサブカルチャーとしての文化が非常に盛んで、世界的にも高い評価を得ています。皆さんも、多かれ少なかれその影響を受けていると思います。

しかし、どちらかといえば、漫画やアニメやゲーム等などは学業の邪魔者扱いされ、忌み嫌われている一面があります。大人から「ゲームばかりしていないで勉強しなさい」という類の注意を受けたこともあるかもしれません。

岡田斗司夫は「ファン」と「マニア」と「オタク」を独自に区別し、特にオタク文化について論じています。オタクについては「対象と自分との関係を振り返れるかどうかなんです。一方的に愛情を注いだり闇雲にデータを集めたりするのではなく、それらが自分にとってどういうものなのかを考えて再配列しなければなりません」といいます。そして、オタクは「学ぶもの」ではなく「なるもの」であり、学問よりも茶道や華道のような「道」に近いといいます。

岡田の論考に依拠してみれば、オタク文化とはとても奥深いものになります。一方、「ファン」や「マニア」は1人の消費者の域に留まることになりそうです。

皆さんがサブカルチャーを単に消費者として嗜んでいる場合、大人たちが忌み嫌う学業の邪魔をするものになってしまうのはやむを得ないかもしれません。

ここは、今「楽しい」「おもしろい」と思って熱中している漫画やアニメにもっとのめり込み、いっそオタクになってしまうのはどうでしょうか。

世界的に評価の高い日本の漫画やアニメの「道」を究めることは、頭ごなしに否定されるものではないと思います。**そうまわりに認められるほどのオタクとしての活動は、学びとしての有意性がある**と思います。海外では、音楽などの芸術は高尚な文化として成立しています。日本においてのサブカルチャーもそうなる可能性はあります。

そのためには、消費者からオタクになる必要があるかもしれません。

【引用・参考文献】

・岡田斗司夫『東大オタク学講座』（講談社）

フォロワーシップの重要性

今まで様々な場面で、リーダーシップを要求されたことがあると思います。人の先頭に立ち、リーダーシップを発揮することは、だれでもできることではないので、まわりから高い評価の対象になりやすいものです。

組織として考えると、実は決してリーダーシップだけが重要なわけではありません。フォロワーシップも同様に重要な役割となります。リーダーシップが強い人が複数組織に存在するとたちまち混乱が生じ、うまくいかない場合があります。フォロワーシップとは、リーダーを支え援護することです。本当に評価されるべき人は、リーダーシップを発揮することができ、かつ必要なときにはフォロワーシップも発揮することができる人です。

ＪＡＸＡの柳川孝二は、宇宙船のリーダーである船長は決められているけれど、宇宙でのすべての活動を船長がコントロールするわけではないといいます。任務ごとにリーダーは替わるからだそうです。そして「あるときはリーダーだけれども、あるときはフォロワーにならなければならない。役割分担をしっかり認識して、臨機応変に行動できることが、宇宙飛行士にとって大切な資質」と述べています。

宇宙飛行士の場合、当然のようにどちらもできることを求められていますが、ここでは決してリーダーシップだけが重要ではないということを知ってほしいと思います。

つまり、人前に立ちリーダーシップを発揮することが苦手な人は、**フォロワーシップを発揮してリーダーをサポートすることも大切な役割であることを知っていれば、自分自身を生かして活躍できる場が増える**と思います。

もちろん、リーダーシップを発揮することが得意な人は、それはそれで十分すばらしいことです。ただ「船頭多くして船山に上る」ではないですが、場合によってはフォロワーに回ることも大切な立ち回りであることを知っておきましょう。

皆さん一人ひとりが、自分のことだけでなく、全体を見ながら活躍できるように動けたらいいですね。

【引用・参考文献】

・大鐘良一・小原健右『ドキュメント宇宙飛行士選抜試験』（光文社）

December 12

障害者に対する考え方を伝えたい場面で

障害者と一緒に生きるということ

December 12

デリケートな話になりますが、高校生には理解してもらえると思うので話していきます。

小西行郎は、日本には、障害者を社会から排除しようとする考え方が長らく存在していたといいます。「不具」「片端」「廃疾」といった言葉は、障害者を欠けている者、足りない者、役に立たない者と捉えているといい、多くの場合、こうした人々は社会的な権利を奪われた生活を送ってきたそうです。

一方で、日本語の中には、「福子」「福虫」「宝子」という障害者を指す言葉があり、こうした言葉は、障害者を大切にし、社会の中で一緒に暮らそうという考えに基づいているといいます。

改めていいますが、障害者を差別する言動は言語道断、一切許されません。しかし、その裏側には歴史的に障害者が差別されてきた事実があります。それは障害者に対する社会全体の考え方が誤っていたからです。

しかし、福子、福虫、宝子といった言葉を聞いたことがなかった人も多いのではないでしょうか。障害者を前向きに肯定するように考えられ、幸福をもたらす者として使用された日本語です。

日本の歴史の中で、障害者に対する差別的な文化も肯定的な文化もあったことを知識として知ることは大切です。ですが、差別的な文化に属する負の言葉は当然使うものではありません。そして正の言葉だとしても、覚えたからと安易に使うことは軽率です。

受け継いでほしいことは、**障害者を大切にして、共に暮らしていこうという考え方**です。その背景には、障害のある子どもが家庭にいると、皆で助け合い家族の結束が深まると考えられていたことが由来の1つとしてあるそうです。

学校でも同じことがいえます。障害が知的なものであっても、身体的なものであっても、皆で支え合うことで、わかること、つながることがあります。いつどこで障害者と一緒になるかわかりませんが、一緒に学校を楽しめる関係を築けたらいいですね。

【引用・参考文献】

・小西行郎『早期教育と脳』（光文社）

December 12

人を動かすための考え方

　皆さんがこれまで生きてきた中で、家庭や学校で何かをするとき、達成できるかどうかを罰則や報酬で動機づけられたことがあると思います。

「○○できなかったら清掃活動をさせられる」という負の条件がつく場合、「○○できたらおこづかいをあげる」という正の条件がつく場合の2パターンどちらも経験したのではないでしょうか。

　皆さんは、どちらの場合の方がより目標を達成することができましたか？　また、がんばることができましたか？

　社会学者のコリンズは、歴史的に広く行われてきた奴隷に対する強制労働は、実は能率的ではなく、生産性も普通の自由労働には及ばなかったと主張しています。それは、強制力には欠点があることを示唆しています。だれかに強制されたとき、人間はまず取り乱し、可能ならば反撃しようとし、不可能なら逃げようとするそうです。素直にいわれたとおりにするのは罰の脅迫を避けるための最後の手段となりますが、進んで働こうとはしないそうです。

このように、人を動かすための手段としての負の条件づけはあまり効果がないことがすでに知られています。皆さんも、罰則をちらつかされても、いまひとつやる気につながらなかったという経験をしているのではないでしょうか。

これは当然、皆さんそれぞれが、人や集団を動かす立場になっても同様のことがいえます。**人は、立場が逆転したら、自分のされてきたことと同じことをやりがちなので、注意が必要**です。

特に指示を出す側にとって、報酬よりも罰則の方が用意するのが楽であったりします。歴史的にも、権力者が恐怖によって威厳を高めることはしばしば行われてきました。がんばった先に明るいものがあれば、それが内発的動機づけにつながり、気持ちも前に向くのではないでしょうか。

【引用・参考文献】
・ランドル・コリンズ『脱常識の社会学　第二版　社会の読み方入門』（岩波書店）

December 12

抽象的能力の実体

学校という場は、塾とは違い、教科による学びだけがすべてではありません。集団で生活したり規則を守ったりすることなど様々なことを教育する機関として機能しています。そして、もちろんそこには世の中の期待に応えるような内容が詰め込まれているわけです。まるで流行のように多様な能力を獲得するための学習を学校は求められます。

例えば、最近では「非認知能力」の獲得が将来を左右するといわれたりします。具体的には、健康や根気強さ、注意深さ、意欲、自信などです。

中村高康は、近年教育として身につける重要な能力としてあげられるコミュニケーション能力、キーコンピテンシー、非認知能力などのことを「抽象的能力」と称し、これらは実際に測定することは容易ではないといいます。そして、例えば非認知能力の具体的なものは、新しい時代に対応した未知の能力ではなく、昔から実生活で重視されてきたごく普通の能力の焼き直しだと指摘します。そして「いま人々が渇望しているのは、『新しい能力を求めなければならない』という議論それ自体である」といいます。

教育の学問的研究が進み、様々な因果関係が明らかになることは歓迎されるべきです。しかし、**次々と表現される新能力については、眉に唾をつけて聞いていかなければなりません。**中村が指摘するように、よく考えると、以前からいわれてきたことと特別大きな差がなかったりします。

先生にいわれるのか、親にいわれるのか、どのような形で耳に入るかわかりませんが、皆さんも安易に振り回されないでほしいなと思います。真面目な人ほど、いきなり「将来に必要な能力」といわれると、急いで習得しなければと焦るかもしれません。

安心してください。**今何かを一生懸命やっていれば、キーコンピテンシーも非認知能力もある程度自然に身についていくはず**です。

【引用・参考文献】
・中村高康『暴走する能力主義　教育と現代社会の病理』（筑摩書房）

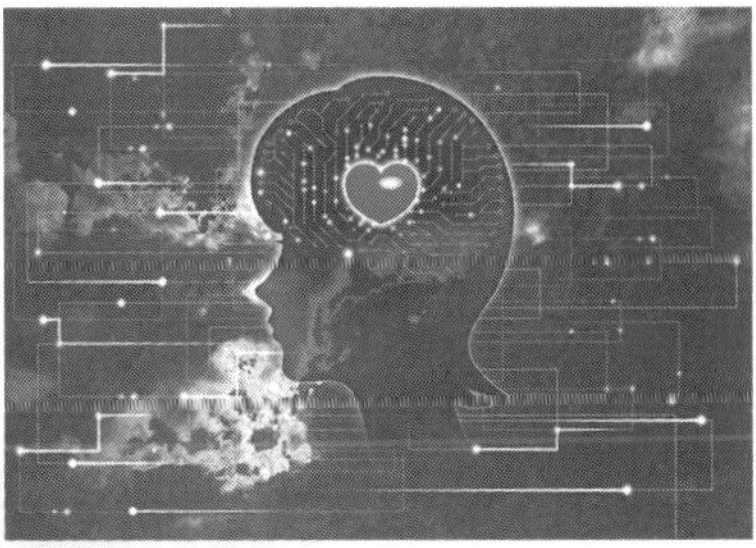

生命の尊さ

小さいころ、たくさんの虫を捕まえ、虫かごに入れて家に持って帰り、結局死なせてしまったという経験はありますか？　それを繰り返しながら、生き物の死に落ち込んだり、慣れていったりしているのかもしれません。

チョウやカブトムシなどからカエルや魚など少しサイズの大きな生き物も取り扱うようになっていきます。子どもの好奇心の犠牲になった生き物の数だけ、命の尊さを学んでいくのかもしれません。

福岡伸一は、少年時代にトカゲの卵を見つけ、家で観察していたそうです。ただ、孵化するのに2か月以上要することもあるのを知らず、少年の心ははやり、待ちきれなくなり、針とピンセットで殻を小さく開けたそうです。すると中に小さな赤ちゃんが眠っていたのが見えたと同時に、取返しのつかないことをしたと悟ったそうです。一度外気に触れたトカゲの赤ちゃんは徐々に腐敗し形が溶けてしまったといいます。福岡はいいます。「私たちは、自然の流れの前に跪く以外に、そして生命のありようをただ記述すること以外になすすべはないのである」と。そして、それは少年の日々から自明であったと。

あらゆる地球上の生命に対して、わかっていないことはまだまだ多いのです。それでも、研究がどんどん進み、例えばクローン技術なども生まれました。そういった技術とは別に、生命に対する倫理観もまた問題となるところです。DNAや遺伝子組み換え技術が進んだとしても、技術そのものが倫理的に正しいのか、生命に対する冒瀆ではないのか、科学技術の負の側面において人が試されているようにも感じます。

福岡もいうように、**結局人は生命のありようを見つめることしかできない**のです。死んだ生命を生き返らせることはできません。ですが、後に福岡がそうしたように、心の中で忘れないで研究の道へ進んだことはすばらしいと思います。

皆さんも、命の生死に関わったことはありますか？　そのとき何を感じましたか？　生命に対する尊厳を養ってほしいと思います。

【引用・参考文献】

・福岡伸一『生物と無生物のあいだ』（講談社）

December 12

メモに残すことが財産になると伝えたい場面で

うまくいったことを振り返る

December 12

いろいろなことに挑戦し、経験していく中で、自分自身を振り返ることは非常に大切です。しかし、それを実践するのはなかなか難しいというのも実際のところです。

国語教師の大村はまは、うまくいったことを書き残しておくことが自分自身の財産になるといっています。何かうまくいったこと、やったことのいいところを忘れないように、素早く書きとめておく。それを少しずつ貯めていき、そのノートを自分の宝にするとよいといいます。それは今後、びっくりするような自分の栄養になるともいいます。

どうしてうまくいったのかをほんの少し振り返るだけで、それは財産になります。書き残すことはそれだけ貴重なことですが、ほとんどの人は成功したときの興奮でついつい気持ちが舞い上ってしまい、落ち着いて実践するのは難しいかもしれません。

それに、どうしてうまくいったのかがすぐにわからないときもあります。そんなときは

自分自身が行ったこと、考えたことを簡潔に書き残すとよいでしょう。あまりしっかり書こうと思い過ぎると続かなくなります。

もしかすると、すでにだれにも見られたくない秘密のノートをもっている人もいるかもしれません。人に見せる必要はまったくありません。それは今現在では、大村はまがいうように、後に大きな栄養となり、財産となるので、今後も継続してほしいと思います。

最近では、手書きのノートではなく、スマホのメモ管理アプリなどもあると思います。手書きがよいか、スマホがよいかは、どちらにもメリットがあり、判断の分かれるところです。媒体はなんであれ、まずは書き残すことを意識して取り組んでみましょう。やっていく中で、自分に適した方法を選択すれば問題ありません。

小さなことからコツコツと、今の自分から将来の自分に向けたメッセージになればいいですね。

【引用・参考文献】

・大村はま『教えるということ』（筑摩書房）

コメントの価値

発表するにも、何か論文のような文章を書くにも、他者の意見ほど参考になるものはありません。自分1人でつくり上げるのではなく、人に見聞きしてもらい、建設的な言葉をいただくことで、よりブラッシュアップされていきます。多くの人が、批判されることを恐れ臆病になりがちですが、避けてはいけません。素直に耳を傾けることで、よりよいものに仕上がります。そして重要なのが、他の人に対しても誠実にコメントをしていくということです。

社会学者の上野千鶴子は、大学で論文に対してコメントすることについて、書き手のいいたいことに沿ってその意図がよりよく通じるように示唆を与え、論旨の欠陥や議論の問題点を指摘し、ありうる批判を予測してディフェンドするための知恵を書き手に授けるためにあるといいます。そして、「内在的コメント」とは、書き手の論旨や主張に沿って、それを受け入れたうえで、なおかつ論旨の非一貫性や、不徹底さ、その拡張や応用の可能性について、書き手に代わって示唆するものであり、「外在的コメント」とは、書き手の射程に含まれない視点から、限界や欠陥を指摘することといいます。

上野がいうように、コメントには内在的と外在的の2種類があり、趣が異なるということを知ってほしいと思います。

上野は大学での研究活動の一部としてコメントについて述べていますが、この考え方は友人からの相談にも使えます。おそらく、多くの相談者は内在的コメントを求めています。それを知っていれば、皆さんがかける言葉も変化するのではないでしょうか。もちろん、高校における発表や投稿の場でも使えますので、他者に意見するときに心がけてほしいと思います。

そして、皆さんがコメントすることについても学んでいくと、今まで批判されて嫌だなと感じていたものが、よりよい成果物のためにもっと意見がほしくなってくると思いますよ。

【引用・参考文献】

・上野千鶴子『情報生産者になる』(筑摩書房)

December 12

生徒が効率性を重視し過ぎている場面で

横道に逸れることの大切さ

学校教育では、目標・目的をもち、それに向かって計画を立てることの大切さを説いてきました。高校も例外ではないと思います。

これは、正しいことでしょう。目指すものを見つけて、それに向かう過程を自ら描き出すのはとても大切なことです。

ですが、最短で目的を達成することに囚われ過ぎてもいけません。「急がば回れ」ということわざをはじめ、遠回りすることにも価値があることを意味する言葉は多くあります。

酒井敏は、京都大学の校風の1つとして「真面目に目的なんかもったらアカン」というものがあるといいます。これは、目的に向けて努力することで、勉強の幅を狭めることに対する注意喚起になっています。目的達成から逆算し、必要なことだけを効率よく身につけようとすると、教養がおろそかになり、目的を実現するための十分な武器を持てなくな

December 12

ると指摘します。よって、目的に向かう力を養うには、逆説的に「真面目に目的なんかもったらアカン」ということが成立するといいます。

小学生が登下校の最中に道草を食っていたら、それが大冒険になることがあります。皆さんも経験があるのではないでしょうか。最短ルートでしか行き来していない子は得ることがない何かを、得ることがあるかもしれませんね。

酒井がいう京都大学の校風のように、目的への最短ルートは必ずしも皆さん自身の幅を広げることにはならないかもしれません。**あらゆることに力強く対処できる力は、要領のよさだけでは身につかない**ものでしょう。

もちろん、冒頭に話したように、基本的に目標・目的に沿って実行していくことは間違っていません。ただ「真面目に目的なんかもったらアカン」という表現のように、たまには、道を踏み外したり、横道に逸れたりしても問題ありません。その経験が後に大きな武器になることもあるでしょう。

自分の可能性を狭めないように前進していきたいですね。

【引用・参考文献】

・酒井敏『野蛮な大学論』(光文社)

December 12

本を読むことの価値

皆さんは、普段、読書をしていますか？　どの程度読んでいますか？

日々読書する習慣がない人は、小説でも何でもよいので、まずは読む習慣をつけましょう。そして慣れていけば、小説だけでなく、少し難しい本にも挑戦していきましょう。

過去の偉人たちが考えてきた思考の過程に触れることで、皆さん自身が教養を身につけていくことができるでしょう。このように、「教養主義」と呼ばれる、読書を通じて教養を身につけ、人格形成の一助にしていくような考え方がひと昔前にありました。

竹内洋は、大学生に「昔の学生はなぜそんなに難しい本を読まなければならないと思ったのか？　それに、読書で人格形成するという考え方がわかりづらい」と率直に質問され、教養主義の終焉を実感したといいます。竹内自身は、教養主義を甦らせるべきだなどとは思わないまでも、読書による人間形成が学生生活の一部であって当たり前だと思う古い世代であると自らを捉えています。今の学生との「教養」のコンセプトの違いを考え直す必要があると思うようになったともいいます。

近年は、映画やアニメやゲームといった、若者にとっての楽しみがあふれています。ですから、読書も小説などを中心に娯楽としてはまだ存在しているとしても、読書を通じて人間、人格を形成していくということの意味は感覚的に理解できないかもしれません。しかし、ほんの少し前までは、読書をすることで人生観や倫理観を養い、大人としての教養を身につけるような時代があったのです。

皆さんも昔のような教養主義を目指せということではありません。しかし、**読書にはそれほど大きな学びの力があるということを知り、単なる娯楽という位置づけで軽んじないでほしい**と思います。

難しい本を読むときは、一度にすべてを理解しようとしなくても大丈夫です。むしろ、意味が解らなくても、なんとか読み切ることを意識して進めてみてください。

【引用・参考文献】

・竹内洋『教養主義の没落』（中央公論新社）

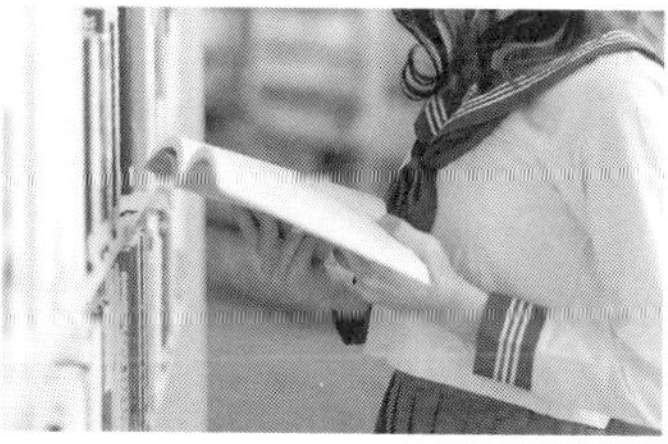

January 1

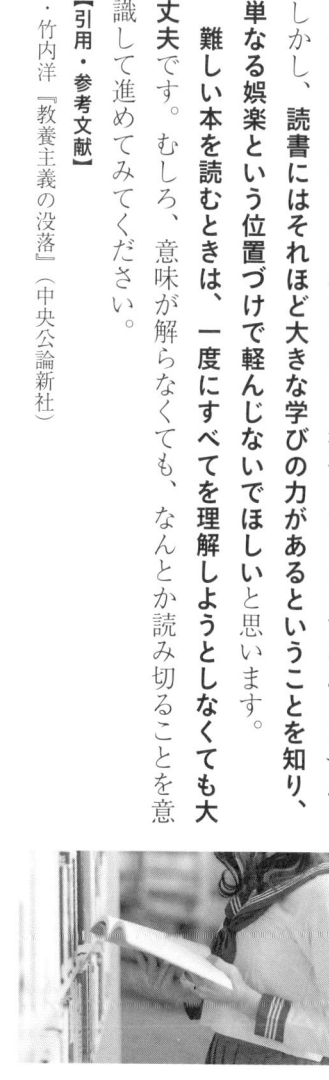

January 1

大学とはどういうところか

現在、日本には四年制大学だけでも約800校あります。ここに、短大や専門学校を含めると、おびただしい数になります。高卒で就職する人と比べると、何らかの進学をする人の方がかなり多くなっているという現状があります。

さて、では大学とはいったいどういったところなのでしょうか。皆さんがイメージしている大学は人によって様々でしょう。大学や大学生に対する論評も時代によって様々ですし、大学によってもまったく異なるので、ひと言で表現するのは難しいかもしれません。

大学は、深い教養を身につける場だといわれたり、高い専門性を身につける場だといわれたり、人生の夏休みだといわれたりします。「今の時代、大学くらい出ていないと…」と通過儀礼化されているところもあります。

浅羽通明は、日本の大学を江戸時代におけるお伊勢参りのようだといいます。当時全国各地からのお伊勢参りの旅は、庶民にとって生涯最大のレジャーのようだったそうです。実際「伊勢もうで、大神宮にもちょっと寄り」という川柳もあるほど、伊勢神宮参拝の比重は低く、内宮外宮の間にある歌舞伎小屋や民謡、遊郭、土産物など、世間を自由に見聞し一生分の知識と経験を持ち帰ることが主とされ、お伊勢参りを経て一人前とみなされる地域もあったそうです。これらと現代の大学を重ね、浅羽は「大学生、学問などもちょっとやり」という川柳があってもよいといいます。

どうやら、大学はガリガリと勉強ばかりする場所ではなさそうです。人生そのものに深みをつける諸要素を丸ごと体験してくるお伊勢参りに似ているとはおもしろいですよね。

このようなことは、オープンキャンパスでは知り得ません。大学を選ぶには大切なことですが、**専門などのやりたいことばかりに縛られず、包括的に人生観を養うつもりで大学生活を充実させるのもよいかもしれませんね。**大学内外の活動も含め、いろんなことに挑戦し、経験することのできる期間なのかもしれません。

もちろん、勉強も「ちょっとやり」はしないといけませんんが。

【引用・参考文献】

・浅羽通明『大学で何を学ぶか』(幻冬舎)

January 1

手書きの作家の作法

最近では、多くの作家がパソコンを用いて執筆活動をしていると思いますが、それでも手書きで執筆することにこだわる作家もいます。

皆さんが普段どれほど本を読んでいるかわかりませんが、少し古い本を読む機会があれば、それらの多くは手書きで綴られていると考えてみてください。無の状態から作品を生み出し、またそれを自らの手で書いていく様相を想像するだけでも敬意を感じませんか。

もちろん、パソコンのように簡単に漢字が変換されるわけでもありません。書き損じてもその部分だけを簡単に修正できるわけではありません。**原稿用紙と向き合い、黙々と書いては推敲を重ねるというのは、そもそも手書きで長文を書くことが少なくなった今、作家の忍耐強さに感服せざるを得ません。**

星新一は、一篇のショートショートを書くのに、まずは書き損じた原稿用紙の裏面に、

January 1

Bの鉛筆で書き出しから結末まで、起承転結がひと目で見渡せるように最初の下書きをしたそうです。次に、原稿用紙に二度目の下書きとして、ボールペンでマス目を数えながら、文字数や改行、漢字か平仮名かの最終的な判断を行っていきます。そして最後に、編集者に渡すための清書を万年筆で完全原稿として書き上げていたそうです。延々と同じ作業を繰り返し、いつアイデアが枯渇するかの恐怖心を鎮めるのは、書きためたメモの山だったといいます。

ショートショートのパイオニアとして、今もなお小・中学生に読書の入り口として根強い人気のある星新一は、このように執筆に向き合っていたそうです。すんなり進んだとしても、3回も手書きしています。我々が手に取って読むときには活字となっているので、そんな生みの苦しみなんて知る由もなく、あっという間に一遍を読み終えてしまっていたことでしょう。

学校でも様々な情報端末の整備が進み、パソコンで課題を提出することもあるかもしれません。しかし、たまにはアナログに戻って手で書いてみることも有意義かもしれません。

【引用・参考文献】

・最相葉月『星新一　一〇〇一話をつくった人』（新潮社）

January 1

人工知能が人の能力を超えさせたい場面で

シンギュラリティ後の世界

January 1

科学技術の発展は日進月歩のスピードで、毎年のように新しい技術が登場してきます。特に最近では、ＡＩなどの機械が有する知能についても技術革新が進み、非常に高度な性能で人間世界を席巻します。

技術的特異点と訳される「シンギュラリティ」とは、自律的な人工知能が自己フィードバックを繰り返すことで、人間を上回る知性を有するときが来ることを指します。まるでＳＦだと思っていた世界がほんの数年後には現実となり、機械が人間をコントロールするときが来るのかもしれません。いえ、その瞬間は確実に来るといえるかもしれません。

皆さんは、そういった時代を想像したとき、何を考えますか？

石黒浩は、すでに人間はロボットよりも能力の劣った存在であるといいます。人間は、自らがつくってきた機械やロボットよりも自分の能力が劣っているといわれると、拒絶したくなるといいます。人間は「動物を大事にしよう」といいながらペットとして飼うように、人間だけが特別であってほしいと考えているけれど、人間もペットの犬や猫と同じように生きてもかまわないはずだと指摘します。能力がロボットに及ばずとも、生きられるといいます。しかし、「人間こそが最高の存在である」というロイヤリティを失ってしまうことに、多くの人は恐怖を感じていると指摘します。

まさに、地球上の食物連鎖の頂点に存在する我々は、さらに高度な能力を有する存在に出会ったことがありません。そのような世界観を想像するのも難しいですが、**ただただ我々の存在こそが最高であることを無自覚に当たり前と思っています。**そして、そうではない事実はなかなか受け入れがたく、恐怖に慄きます。

すでに現在のＡＩについてもそうですが、特別専門に長けた人でないと、もはやＡＩのシステム構造などは理解を完全に超えています。そのことが、シンギュラリティに対する恐怖を増長させます。

皆さんはシンギュラリティが本当に来ると思いますか？

【引用・参考文献】

・石黒浩『アンドロイドは人間になれるか』（文藝春秋）

多数決は民主的か

友だちグループでどこへ行くか意見が分かれたとき、多数決で決めることはあるでしょうか。友だちとの関係の中でそれは特に問題ないと思います。クラスの中で何か決めることがあるときも、賛成の人は手をあげたりして多数決を行いがちです。時間も限られているのでやむを得ませんが、多数決とは、物事を決定するための手段として最適で最も民主的なのでしょうか。

事実、民主主義の日本では、選挙方法も多数決になっています。では、少数派に属する意見や主張というものは、一切尊重する必要はないのでしょうか。

宇野重規は、民主主義について、歴史的に多数決が行われてきたということを認めつつ、多数者の決定だからといって正しいとも限らないことを指摘しています。また、少数派の権利と意見を尊重することなしに民主主義は存続し得ないという原則が確立していることも示唆します。民主主義は多様性を許容するシステムであり、政治や社会の問題について常に唯一の答えがあるわけではなく、多様なアイデアに基づく試行錯誤が不可欠であるという考えだといいます。民主主義は時に誤った決定を下しますが、それを自己修正し状況を立て直す能力をもつのも民主主義なのだそうです。

学校生活や何となく流れてくる選挙のニュースなど、強い関心がなければ、民主主義＝多数決だと勘違いしてしまうかもしれません。

とにかく、何に対しても数が多いことが是となる社会になれば、少数派は排除の対象となるのでしょうか。いえ、決してそんなことはありません。

ついつい無自覚のうちに、私たちは今現在の民主主義が完成形であると思い違いをしがちです。**健全な民主主義とは、ゴール概念ではなく、自己修正を内包したプロセス概念である**ことをしっかりと覚えておく必要がありますね。

【引用・参考文献】

・宇野重規『民主主義とは何か』（講談社）

知性とは何かを伝えたい場面で

「反知性主義」という考え方

同じ高校生で、手先が器用で何かものをつくるのに非常に長けた人や、人前で話をさせたら抜群に上手な人などに出会ったことがありますか?

学校で学ぶことだけが生きていくことに必要な知性ではありませんし、知性があるからといって威張るようなことでもありません。「反知性主義」という概念があります。アメリカのリチャード・ホフスタッターという人が生みの親とされていますが、日本では単に知性に反対するという色合いが強いので、理解に注意が必要です。

森本あんりは、反知性主義について「知性と権力の固定的な結びつきに対する反感である」「知的な特権階級が存在することに対する反感である」と述べます。これは例えるに、東京大学等の特定大学そのものへの反感ではなく、その出身者が固定的に国家などの権力構造を左右する立場にあり続けることに対する反感であるといいます。

January 1

比較的リチャード・ホフスタッターの原文に近い森本のいう反知性主義という考えを知ってほしいと思います。

知性とは、単に成績がよいとか学歴があるとか、そういったことではありません。物事を知り、考えたり判断したりすることです。例えば、学校の勉強ができなくても、自分で考えて家を建てることができるような人がいます。そしてもちろん、**学問が好きで勉学に励むのもすばらしいことですが、そこに人としての優劣などはない**のです。

しかし、時に特定の知性あるところが権力に結びついたりすることがあります。これを許さないのが森本のいう反知性主義です。端的にいえば、高学歴ということだけで特権階級に居座ることが約束されている関係、ここに反知性主義は牙を剥きます。

実は皆さんも、いい大学に入ればいい会社に就職できる。いい会社に入ればいい人生を送れると考えていませんか？　そんな約束事はありませんし、あってはいけないのです。その都度がんばった結果そうなる分には問題ありませんが、すべてのつながりが確約されていてはいけません。なぜなら、それは人としての優劣とは関係ないからです。

【引用・参考文献】

・森本あんり『反知性主義―アメリカが生んだ「熱病」の正体』（新潮社）

January 1

あなたにとっての幸せ

作家の橘玲は「ひとは幸福になるために生きているけれど、幸福になるようにデザインされているわけではない」といいます。

そして、この「デザイン」をだれがしているのかという問いに対し、人びとは「神」と呼んでいたが、ダーウィンが「進化」だと名を告げたと指摘します。

この橘の言葉は、冷徹ではあるけれど、人というものの本質をついていると思います。

皆さんは、今何のために高校生活を毎日がんばっているのでしょうか。

よい成績を修め、よい大学や企業に入り、大金を稼ぐようになるためでしょうか。厳密には、その可能性を少しでも高めるためといえるかもしれません。

そして、その先には何があるのでしょうか。幸福がありますか？　たくさんお金を稼ぐと幸せですか？

また、人は生まれながらにして平等ではないということも、数多の著名人が指摘していますし、高校生にもなれば、それは直感できるかもしれません。

しかし、どんな環境に生まれ落ちても、人は幸福になるために努力します。ただ、橘が指摘するように、幸福になるようにはデザインされていないので、結果として、幸福になれない人もいるという現実があります。

そもそも、幸福の形が人によって大きく異なっています。

皆さんは、本来、根源的に目指すべき幸福の形を想い描けていますか？　どのような状態が自分にとって幸せかわかっていないのに、とりあえず、ないよりもある方がいいと思ってお金を稼げるように今をがんばっていませんか？　その先に幸福がなければどうしますか？

幸福の形は人それぞれですから、親や先生は皆さんに「これが幸せだよ」と贈り与えることはできません。皆さん自身の力で生み出さねばなりません。無自覚にとりあえずがんばるのではなく、自分自身をもっと見つめることができたらよいかもしれませんね。

【引用・参考文献】

・橘玲『言ってはいけない　残酷すぎる真実』（新潮社）

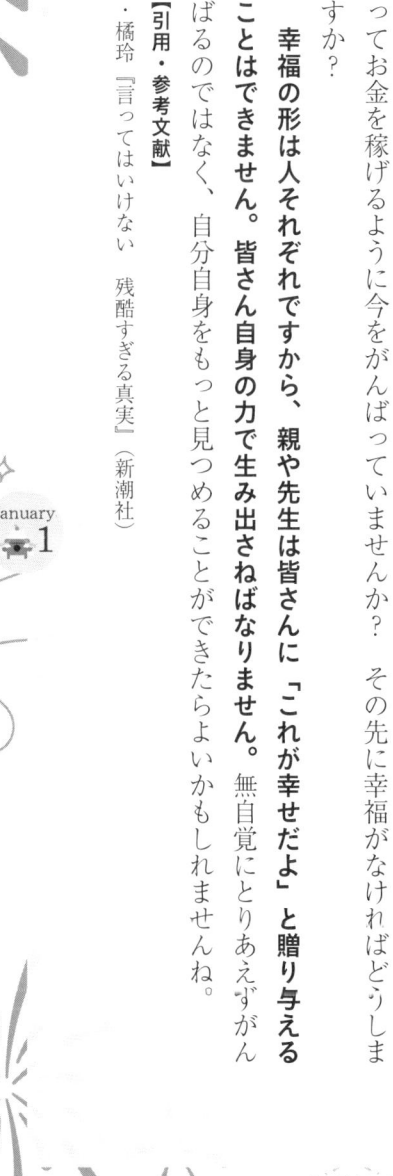

他者の意見を素直に聞くことの大切さを伝えたい場面で

January 1

まずは「耳順」

皆さんは、他人のいうことに対して素直に耳を傾けていますか?

少しひねくれて素直に聞けなかったり、意図せずとも曲解してしまったりしていませんか?

論語では60歳のことを「耳順」といいます。これは、60歳にして人のいうことに逆らわず素直に聴けるようになったという意味です。

また、鶴見俊輔はこの「耳順」について、「自分がよく人のいうことをきいて、まちがいないと思う人をえらび、その人のいうことから、さらに自分に適切な、意味の可能性を引き出す」ことなのだと思うようになったといいます。

そして、このことは幼児にとっても老人にとっても必要なことだといいます。特に、青年はしばしばゆとりを失い、相手のいうことをゆっくり聞かず、「あなたは間違っている」

と決めつけ、自分のただ1つの解釈によって相手をたたきのめす習慣があると指摘します。鶴見のいう「耳順」の境地は、高校生である皆さんにも必要だと思います。鶴見が示唆するように、自分のただ1つの解釈に固執していませんか？

素直に聞くということは、実はそんなに簡単なことではありません。もし、自分は素直に聞けていると思っている人でも、確認してください。人から何かいわれたとき、「いや…」「でも…」というい出しを使っていませんか？　それで素直に聞けているといえますか？

人には他者に認めてほしいという承認欲求があります。これ自体は健全なことです。しかし、その承認は結局他者がします。**あなたの評価はあなたではなく、人がする**のです。

人から意見されたり異なる考えを与えられたとしても、そのときに「いや…」「でも…」と自分の主張ばかりして何になるでしょうか。

まずは「耳順」。素直に受け入れることからできたらいいですね。

【引用・参考文献】

・鶴見俊輔『思い出袋』（岩波書店）

January 1

未来予測が困難な時代に必要なこと

これからの世の中がどのように移り変わってゆくのか。そんな未来予測は極めて困難です。最近では、Society5.0という言葉もよく聞きます。ですが、過去を振り返ってみても、固定電話が携帯電話に、ガラケーがスマホに、こんなに早く変化していくことなどだれも思い描いていなかったと思います。

しかし、それでも皆さんが将来の進路を考えるとき、「これからの時代」を意識しないことはないと思います。それは「これからも大丈夫」という安定的思考であったり、「これから伸びる」という成長的思考であったりするでしょう。

どちらにせよ、そのときは何らかの情報を基に判断することになります。

多量の情報があふれる中で、正しいものと正しくないものを見極める情報リテラシーについても学ぶようになりました。

それでも、数年後の状況を的確にいい当てることは不可能に近いと思います。

坂本龍馬には、秀でた先見の明を証する有名なエピソードがあります。

友人が龍馬に「今の時代は何を心がけるべきか？」と聞きました。最初は刀を示し、「これだ」といいました。次の機会に聞いたときには、ピストルを示し、「これだ」といいました。三度目の機会にまた友人が聞いたときには、『万国公法』を出し、「これだ」といいました。

この坂本龍馬の思想の変化には、時代を動かした人の先見性を見ることができます。情報収集能力やそれを見極める能力もさることながら、自分の考えを非常に柔軟に変えることができていいます。おそらく、どのような時代に生まれていたとしても、その才能は輝いたことでしょう。

となれば、皆さんも「これからの時代」を想定する際、**重要なのはその判断の正しさではなく、柔軟に予測を変化・修正させること**かもしれません。予測困難なものに対し、常に情報を更新して考えを変えていくことが、「第二の龍馬」につながるかもしれません。


【引用・参考文献】

・童門冬二『「人望力」の条件　歴史人物に学ぶ「なぜ、人がついていくか」』（講談社）

January 1

チームに規範を示す方法

クラスという集団と部活動という集団の違いを考えてみましょう。

クラスは、学校によっては多少選択科目などによって意図的な集まりとなりますが、基本的には集団としての「目的」のない人たちの集まりです。一方、部活動はサッカーであれ野球であれ、1つの競技、種目を共同で行う「目的」のある集まりです。これは、陸上や水泳、柔道などの個人競技でも同様です。その組織内に明確な目標があり、それに向かって鍛錬を行います。

高校生活では、クラスか部活動の2つの集団で主に活動する人が多いと思います。

部活動について考えてみましょう。そのチーム内のメンバーが同じ目標に向かって活動するには、組織内の規範が必要になります。各個人が練習時間にそれぞれのタイミングで現れると練習そのものが成立しませんね。

また、例えば遅刻1つとっても、目指すべき場所によってその厳格さは異なります。時間ギリギリでも間に合えば問題のないチームもあれば、練習時間の1時間前から集まり、体を温めるような準備を要求されるチームもあります。

さて、もしあなたがある部活動のキャプテンとして、チームの統率を考えるとき、どのように規範を示していきますか？　同じ競技をする仲間であっても、人それぞれでその熱量には差があります。

孟子は、圧倒的な武力で天下を治めるように、力によって人を統率することを「覇道」と呼びました。これに対して、孔子は、力や恐怖ではなく、リーダーの「徳」をもって人を統率することを「徳治」と呼びました。

「覇道」のようなやり方では、なかなか人がついてきてはくれません。一方、**「徳治」の方法でチームを束ねるにも、自分自身の徳を高める必要があります。**部活動を例にしましたが、これはあらゆる集団・組織で応用できる考え方です。だれもがチームをまとめることに苦悩するときがきます。他人事ではなく、自分事として考えてみてください。

【引用・参考文献】

・安田秀一『「方法論」より「目的論」「それって意味ありますか？」からはじめよう』（講談社）

January 1

February 2

失敗が連れてくるもの

高校に入学してから卒業までに何かやってみたいことはありますか？

また、すでにそれを実行しましたか？

皆さんはまだ10代であり、これからの人生一度も失敗しないなんてことはあり得ません。そもそも、失敗は挑戦した者にしか味わうことができません。たった3年しかない高校生活をチャレンジの連続で埋めてほしいと思います。

それは、友人関係であったり、恋愛、学業、部活動、委員会活動、資格取得、趣味、進路など多岐にわたります。あらゆることにトライアンドエラーを繰り返してください。すべてにおいて成功という形で終わることはありませんが、ノーミス、ノーエラーで人は成長しません。エラーの後、すぐにリトライすることで得るものがあります。

永守重信は「これまでに、特に若いころには数え切れないぐらいの失敗があった。そのたびに反省し、『二度と同じ失敗は繰り返さない』と心に誓って再チャレンジを試みた。そこで得たのが『失敗は必ず解決策を一緒に連れてくる』という教訓である」と述べています。

失敗して落ち込んだり、次何かすることに億劫になる必要はありません。永守がいうように、**その失敗をきちんと振り返ることで、次につながる解決策を導いてくれます。**

「これで大丈夫」と思ってしたことで失敗すると、その方法ではダメだということがわかります。高校生はこれを繰り返すことが容認され、奨励されています。

社会人になり、責任ある立場になれば、許されない失敗が実際にあります。しかし、**失敗から目を逸らさずに向き合うことで、致命傷になる失敗を避けるコツがわかってきます。**このような判断力を身につけるには、一度でも多く失敗を重ねる方がよいのです。卒業間近になっても何の失敗もしていない人は、何も挑戦しなかったと思った方がよいかもしれません。

恐れることはありません。やりたいというエネルギーのまま今すぐに動いてみましょう。

【引用・参考文献】

・永守重信『「人を動かす人」になれ！』（三笠書房）

February 2

学校教育での学びがすべてではないことを伝えたい場面で

February 2

「学び」は終わらない

高校を卒業したら、皆さんそれぞれ次の進路へ向かうと思います。就職する人もいれば、進学する人もいます。しかし、どんな進路を選んだとしても、「学ぶ」ということはこの先もずっと続いていきます。そして、できれば積極的に学んでほしいなと思います。

加藤秀俊は「学校教育がおわると同時に、情報の吸収をぴったりととめてしまう人がすくなくない」といいます。それは、知るべきことはすべて学校で知り尽くしてしまった、と誤って思い込んでいるのだろうといいます。学校を卒業したから、それで現代の人間の知っていなければならないすべてがおしまい、というわけではなく、学ぶべきものは無限にあり、人間の向学心、好奇心はその無限の世界に向かっていつも積極的に関わり合っていなければならないといいます。そして、少し知識を学び取ったからといって、傲慢になれば、人間の精神は成長を停止すると説きます。

思えば幼少期には、身の回りのことに対して、「なぜ？」「どうして？」と好奇心旺盛に毎日を過ごしていたと思います。まさに毎日が学びの連続だったといえるでしょう。

ところが、学校教育では、そのような向学心を喪失しがちであったかもしれません。かといって、学校教育を終えたことが、すなわち学習を完了したことにはなりません。これからの先々で、また新しい学びが待っています。

大学では大学での教養と専門を、就職先では仕事の技術と社会通念を学んでいくことでしょう。そして何より、**幼少期のように、学校に縛られることなく自由に自分のペースで学びを深められる**ことにもなります。関心の高い書籍を読むことや、自主的に資格にチャレンジすることもそうです。それはつまり、幼少期のように純粋なやる気に応じて学べるということでもあります。

加藤がいうように、卒業後まるで万物を理解したように学ぶことをやめてしまうと、とたんに精神の成長は止まってしまいます。自分のペースで学び続けることができたらいいですね。

【引用・参考文献】

・加藤秀俊『独学のすすめ　現代教育考』（文藝春秋）

February 2

日々の真剣な取組が直感につながると伝えたい場面で

February 2

直感は降ってこない

「直感とは、数多くの選択肢から適当に選んでいるのではなく、自分自身が今までに積み上げてきた蓄積のなかから経験則によって選択している」と棋士の羽生善治はいいます。そして「だから、研鑽を積んだ者でなければ直感は働かないはずだ」と続きます。

将棋界のレジェンド羽生さんがいうと、とても説得力がありますね。

皆さんには、直感が働くように研鑽を重ねたものがありますか？

例えば、日本刀を素人が振っても、途中で刃が引っかかって切れないといいます。太刀筋が波打ってしまうそうです。剣道の有段者であると、真っ直ぐに振り下ろされた太刀筋は閃光のごとく芯を捉え、スパンと切れるようです。このような技術は、毎日のように何十回も何百回も何千回も素振りをし続け、幾度となない反復練習によって体得するものだと思います。

これは、羽生のいう直感の話と類似していると思います。日々の素振りが研鑽であり、切り落とすことが直感となります。そう思うと、直感はラッキーでたまたまうまくいったというものではないということがわかります。

直感は、何も積み重ねたものがない場合、突然降ってくるわけではありません。また、**「練習はうそをつかない」「努力は必ず実る」といった言葉もありますが、それは毎日の取組を真剣に行った場合に限ります。**集中もせず、いい加減な練習のもとでは、むしろ実力を落とすことになりかねません。**勝負の世界は、ある程度やったからといって、必ずよい結果がついてくるとは限りません。**お互い真剣勝負の場であるからこそ、研鑽自体が緊張感のあるものとなり、直感につながります。

皆さんが今現在打ち込んでいるものがあれば、ぜひとも継続してください。直感が働く領域まで極めてほしいと思います。ただ、直感を体感することが、ゴールそのものではありません。それはふとしたときに救世主になるかもしれませんが、それ以前に何度も何度もひたすらに1つのことに向き合うようなことに挑戦してほしいと思います。

【引用・参考文献】

・羽生善治『大局観　自分と闘って負けない心』（KADOKAWA）

自分で決める

皆さんは、高校進学を考えたとき、どのようにして今の高校を選択しましたか？

あらゆる判断のもと、自分で決定しましたか？

次は、高校卒業後の進路もまた考えなければなりません。それはだれが、どのように考えていき、そしてだれが決定しますか？

小児科医の高橋孝雄は、意思決定を自分でできることが、幸せな人生を歩む秘訣だといいます。自分の意思で決められること、それが何より幸せなことであるというのです。法的にも、医療現場でも「子どもの自己決定権」を何歳から認めるかという議論は常にあるそうです。しかし、対応も難しいですが、年齢に縛られることなく治療について最終的には自分で決められるように最大限の努力をすることが医師の努めであるといいます。意思決定力がよりよい人生を歩むための心の杖だといいます。そして、自己肯定感とともに本人が強くしなやかに育つといいます。

皆さんも、自分で決めましょう。

進路については人生の大きな判断の1つですが、それ以外にも大小問わずいろんなことを選択・判断する機会があります。親にいわれたから、先生にいわれたから、まわりの友だちに言われたから…だけではいけません。助言をもらうことは大切ですし、重要な情報源にもなりますが、最後の決定権は皆さん一人ひとりにあります。

自分のことを自分で決める自己決定権という大きな権利は、皆さん自身にあります。そして、自分で決めることで、高橋のいうように、何より幸せに、強くなります。

時には誤った判断をすることもあるかもしれません。しかし、**自らの意思をもち、自分の考えのもと決断したという意味は大きい**のです。間違えても、次はもっと調べて考えようと思えますから。

【引用・参考文献】

・高橋孝雄『小児科医のぼくが伝えたい最高の子育て』(マガジンハウス)

February 2

情報に振り回されることを戒めたい場面で

February 2

「社会学的想像力」を養う

「情報リテラシー」とは何かわかりますか？　「情報モラル」とは何かわかりますか？　最近では「デジタルシチズンシップ」という言葉もありますが、知っていますか？

だれもがいつでもつながることができる情報端末をもつ世の中になりました。ＳＮＳなどでは毎日どこかのだれかとどこかのだれかが発信し、つながり、時には炎上したり熱く議論を展開したりしています。

このあふれるほどの情報を正しいものと誤っているものにきちんと判別できることが情報リテラシーだと思っている人が結構多いのも事実です。

Ｃ・ライト・ミルズは、今日のような「事実偏重の時代」においては、情報がしばしば人々の注意を支配してしまい、それを取り込む人々の能力を圧倒してしまうといいます。必要なのは物事を分別する技術だけでもなく、またそうした技術を手に入れようと懸命にあがき、自らの限りある道徳的な活力をすり減らしているといいます。人々が必要としているものは、一方で世界で今何が起こっているのかを、他方で彼ら自身の中で何が起こりうるのかを、わかりやすく概観できるように情報を使いこなし、判断力を磨く手助けをしてくれるような思考力であるといい、これが「社会学的想像力」だといいます。

もはや、一次情報でもない限り、インターネット上にある情報を何が正しく何が正しくないのかを見極めることは困難です。そして、単にその情報の真偽を定めることを要求されているわけではありません。ミルズがいうように、**情報を使いこなし、思考する力が必要**です。

「社会学的想像力」というのは、非常に巧みな表現です。そして、その力というのは、情報リテラシーをはじめとする流行のように変化していく言葉とは異なり、身につけることで、しっかりと自ら判断、思考し、情報に振り回されるのを避けることができます。

浅い感覚で情報に支配され、知らず知らずのうちに疲弊してしまうのではなく、「社会学的想像力」を身につけることを目指したいですね。

【引用・参考文献】

・C・ライト・ミルズ『社会学的想像力』（筑摩書房）

少し不完全な状態もよいと感じてほしい場面で

February 2

「いき」とは何か

私たち日本人の感性は、世界的に見てもおもしろい一面があります。例えば、「義理」や「野暮」や「いき（粋）」などの言葉は、英語に訳すのは難しいそうです。

九鬼周造は「いき」についてこう説明します。

「運命によって、『諦め』を得た『媚態』が『意気地』の自由に生きるのが『いき』である」

この言葉自体は非常に難しいと思います。

芸術的な美的感覚で考えると、日本人は完全完璧なものよりも、やや乱れた、やや崩れたような不完全さにかっこよさを感じてきました。陶芸でも、あえて左右非対称になっていたりする、そこに色気を感じたのです。服の着こなしや帽子の被り方なども、ぴっちりと着るよりも、少しだけ着崩したような状態を快く受容してきました。このような風体や仕草を「いき」と呼んだのです。

それらを、構造として研究した九鬼は、先のように説明しました。単に頑固に「意気地」に生きるだけでは「いき」ではない。色っぽく、媚びる境地である「媚態」に「諦め」の要素が含まれたうえで意気地に生きる、少しやるせない感じを「いき」と呼ぶと考えたのです。

さて、この令和の時代に、「おっ、あんちゃんいきだね」と人からいわれること、もしくは他者に対して「いきだな」と感じることはほとんどないと思います。このように、「いき」を日常的に使うことがなくなったとしても、皆さんには、不完全のかっこよさを知ってほしいと思います。芸術的センスだけの話ではなく、**人生においても、何もかもが完璧でなくてよい**のです。**少し不十分な、少し欠けていたりするところが「いき」**なのです。

なんでも完璧主義で息苦しさを感じるよりも、少し抜けたような不完全さを愉しめる余裕と感覚をもってほしいなと思います。

【引用・参考文献】

・九鬼周造『「いき」の構造』（岩波書店）

February 2

「運が悪かった」で済ませてほしくない場面で

運と実力

皆さんは、「運」をどこまで信じていますか？

棋士の渡辺明は、将棋における結果はすべて実力であるといいます。

まわりから「勝負強い」「本番に強い」といわれても、将棋は偶然的要素の少ないゲームであり、かつすべての勝負は本番なので、「強い」か「弱い」しかないといいます。また「調子」の良し悪しについても、体調管理も実力のうちであり、気合いを入れれば勝てるほど勝負の世界は甘くないといいます。将棋界特有の言葉「指運」についても否定的で、トランプと違って相手の手も丸見えで、自分で指し手を選択できる将棋に運の要素は少ないといいます。

魔王の異名をもつ渡辺棋士にいわれると、ぐうの音も出ない感覚になってしまいます。勝負の世界で活躍されているからこその説得力がありますね。

February 2

といっても、皆さんも人生を振り返ると「あのときは運がよかった」と思えるような場面はたくさんあると思います。人生は運も大切だという考え方もあります。渡辺棋士も「将棋における結果は」と前置きしており、人生すべてにおいて運は関係ないとは考えていないと思います。

ただ、厳しいかもしれませんが、「すべて実力」という考え方についても、ある程度納得感はあるのではないでしょうか。

皆さんは、ここぞという場面で体調が悪くなったりしたとき、「運が悪かった」で済ませていませんか？　肯定的な結果に対して「運がよかった」と感謝するのはよいですが、残念な結果をただ「運が悪かった」で終わらせてしまうのは早計です。実際、本当に運が悪かったのかもしれませんが、それでは次につながりません。**冷静になって、何がいけなかったのか、もっとやるべきことがあったのではないかと見つめることが大切**ですね。

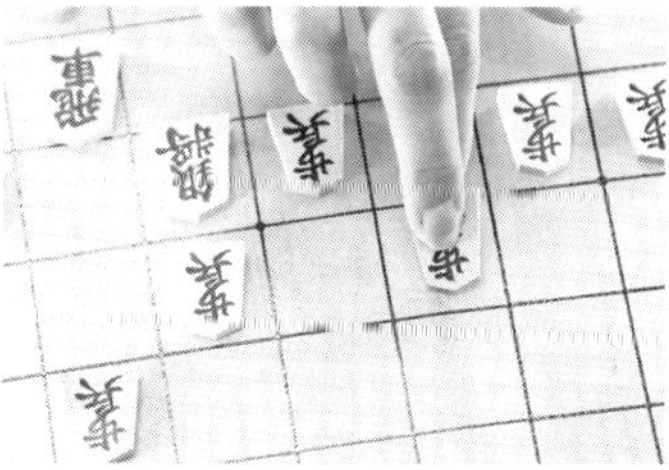

【引用・参考文献】

・渡辺明『勝負心』（文藝春秋）

障害の新たな捉え方を知ってほしい場面で

February 2

「社会モデル」という考え方

阿部彩は、社会のユニバーサル・デザイン化について、「障害学」における「医学モデル」と「社会モデル」という2つの考え方の存在を示しています。そして、医学モデルから社会モデルへの発想の転換が求められていることを指摘します。障害は心身の状況に起因するものではなく、自由に活動できないような「障壁」を社会が内蔵していることが障害になっているということを説明し、例として、左利きが障害となるのは、はさみが右利き用にできているからであり、両利き用であれば障害は存在しないことを示します。

さて、この阿部の話を基に家から学校までの街並みを見渡してみてください。最近になって学校内にもエレベーターが設置されたりして、だれにとっても不自由ない施設として変わりつつあります。しかし、まだまだ至らない部分というのはあります。

こういった視点は、自分が健常者の場合、意識していないと気がつかないものだったりします。ですが、特定の人だけが自由に移動や利用ができて、一部の人たちが不自由を強いられているというのは、未成熟な都市設計、未成熟な社会といえます。

様々な理由で障害を負う人がいますが、それを個人の内側に見るのが医学モデルであり、外側の社会に見るのが社会モデルといえるでしょう。「自分さえよければ」という考えは無自覚に障害者を排除する働きにつながります。一人ひとりが意識的に「ここの階段にはスロープがないので車椅子の方が通行できない」と考えを巡らせることが求められます。

そして、それらは必ずしも建築物の改善ですべてが解決するわけではありません。**今日明日でいきなりスロープやエレベーターが出現することはありませんが、皆さんの意識はこの瞬間から変えることができ、車椅子の方を介助することはできる**のです。

また障害者に限った話ではありません。高齢者や幼い子どもなど、だれもが置き去りにされることのない社会の実現を目指し、皆さんが行動していくことが望まれます。それには、新しいユニバーサルな目線だけでなく、純粋に優しく、温かい心もあればなおすばらしいですよね。


【引用・参考文献】

・阿部彩『弱者の居場所がない社会　貧困・格差と社会的包摂』（講談社）

February 2

相手に見返りを求め過ぎてしまうことを戒めたい場面で

小さな花の美しさにも気づける人になる

詩人の相田みつをは、あんなに世話をしてやったのに、あんなに親切にしてあげたのに、あんなに一生懸命つくしたのにと、「のに」が出るときは愚痴になり、聞いた相手は「恩に着せやがって」と思うといっています。一方、花は人が見ようが見まいが、「ただ」命いっぱいに咲くだけであり、だからこそ美しいといいます。

このように説明されると、「のに」というたった2文字について「確かに」と思うところはありますが、一方で、花のようにただ咲いているということは実に難しいということを皆さんも知っているかもしれません。

実際口にするかはさておき、皆さんにも、頭の中で「のに」と考えるような場面はあったと思います。

その人のためだけを思った優しさや親切だった「のに」、それにすら気づかない人もいます。別に何か物質的な見返りを求めているわけではなく、「ありがとう」とひと言感謝の言葉があるだけで済んだのに、まるで当然の如くわかってもくれない人に接したら、気持ちの中にモヤっとしたものが澱のように沈殿していきます。

そこでまずは、自分自身がだれかのやるせない「のに」をつくらないようにしてみませんか？　与える方は花のようにただ咲いていることが美しいかもしれませんが、やはり、いただく方は同じようにただもらっていいわけではありません。

これは、いい換えると、花の美しさに気づける人になるということです。**花壇に咲く立派な花だけでなく、野道に咲く小さな花にも凛とした美しさが存在するということに気づくということ**です。

自らは花のようにただ咲き、そして、まわりの花の美しさを知る。

視界に入る花の美しさがわかれば、目の前が輝かしく彩られます。

そのような豊かさに包まれたら、余裕が生まれ、「のに」を忘れることができることでしょう。

【引用・参考文献】

・相田みつを『にんげんだもの』（KADOKAWA）

February 2

総合的に思考することの大切さを伝えたい場面で

様々な学びを結び、「観」を養う

今現在、学校で学んでいる内容は便宜上教科に分かれています。学期末の通知表も教科ごとに評価がついていますね。

しかし、実際のところ、学ぶということにおいてそれらの境界はさほど意味をもちません。理系や文系という分類も本質的には重要ではありません。はっきりいってしまうと、やや大雑把ですが、すべてが大切です。例えば、理系だろうが文系だろうが、学びを深めれば海外の論文や文献は避けられず、当然英語が必要になります。

そして何より重要なことは、学んだことを基礎として次のステップへ移ることです。

数学者の遠山啓は、生徒にとって「観」の自己形成が大切だと説きます。観とは、雑多な知識として詰め込まれている知識や技術を総合し統一し、それを世界観・人生観・社会観・労働観・職業観などにまで高めるような領域と説明しています。そして、それは決して学校教育で注入されるものではなく、自ら形成していくものであると述べています。今まで学んできたことを土台とし、そこに観という屋根を乗せるように各教科を結びつけ、それらを統一する新しい形態の学習だといいます。そのとき教師は背景に退き、生徒が主体的に創意に満ちたものになるべきと指摘します。

日本の教育の問題点としてよくあげられますが、単に知識の量を記憶しているだけでは不十分なのです。

世界には貧困に苦しむ人々もいます。戦争をしている国もあります。それらをなくすにはどうすればよいのでしょうか。皆さんにとって働くとはどういうことでしょうか。幸せとは、平等とは何でしょうか。これら答えのない問いに対して自分なりの答えを模索するために、学んだことの叡智を集結させてみてください。

このような問いと向き合うとき、得意な数学だけが役に立つわけではありません。**あらゆる学びが結びつき、まずは自分なりの答えを導いてみることで、少しずつ「観」ができ上がっていく**のだと思います。

【引用・参考文献】

・遠山啓『競争原理を超えて　ひとりひとりを生かす教育』（太郎次郎社エディタス）

おわりに

本書のきっかけになったのは、担任をしているクラスに3年間週刊で発行し続けた学級通信です。

3年間で150号近くになった学級通信には、イラストや月予定、クラスの活動写真は一切載っていません。約1500字の文章だけの学級通信でした。そこには、まさに私が生徒らに伝えたい「教室語り」を書いてきました。

正直、毎週通信を出すという負担はかなり大きなものでした。それに、この学級通信については全員に読むことを強要しておらず、読みたい人だけが読むようにしていました。クラスのどれだけの人が読んでいるかわからなかったですが、2年生、3年生と学年が上がるにつれて、読んでくれている生徒が増えているという実感がありました。また、懇談などでは楽しみにしてくれている保護者の方もおられて、励みになっていきました。

昨今、教育現場では、学校と家庭、先生と生徒の関係性が良好に築けていない事例をよく耳にします。だからこそ、先生から語られる想いを乗せたエピソードは、大きな意味をもつと思います。本書には載っていませんが、私は学級通信や語りを通じて自分のこともたくさん伝えてきました。時には偉人のエピソードではなく、先生自身のエピソードを語られるのもよいと思います。

毎週学級通信を受け取ってくれたクラスのみんなとその保護者の方々には、この場を借りて心から感謝を申し上げたいと思います。おかげさまで、このような形にすることができました。ありがとうございます。

また、明治図書出版の矢口郁雄氏には、私の学級通信をはじめとする教育活動を理解してくださり、このような機会を与えてくださったことに大変感謝しております。はじめて経験することばかりでしたが、丁寧にサポートしてくださり、ここまでがんばることができました。ありがとうございます。

そして最後に、いつもの日常に加えられた執筆活動を陰から支えてくれた妻と子どもたち家族にも、心からありがとうと伝えたいと思います。次は、兄弟げんかがみるみる落ち着く語りを勉強していきたいと思います。詳しい方は教えてください。

本書を読んでいただきありがとうございました。

２０２５年１月

髙橋利明

【著者紹介】

髙橋　利明（たかはし　としあき）

1988年生まれ。神戸市立工業高等専門学校電気科卒業。九州工業大学工学部電気電子工学科卒業。兵庫教育大学大学院学校教育研究科人間発達専攻修了（教育学修士）。

現在，兵庫県立龍野北高等学校教諭。九州工業大学工学部非常勤講師。

●研究分野

教育社会学，工業教育など

クラスがみるみる落ち着く

1分間の「教室語り」100　高等学校編

2025年2月初版第1刷刊 ©著　者 髙　橋　利　明

発行者 藤　原　光　政

発行所 明治図書出版株式会社

http://www.meijitosho.co.jp

（企画）矢口郁雄（校正）大内奈々子

〒114-0023　東京都北区滝野川7-46-1

振替00160-5-151318　電話03(5907)6701

ご注文窓口　電話03(5907)6668

＊検印省略　組版所 株 式 会 社 カ シ ヨ

Printed in Japan　ISBN978-4-18-375928-3

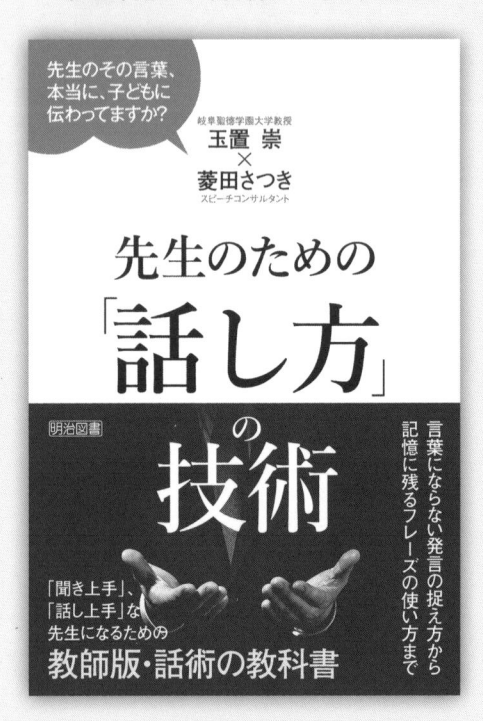